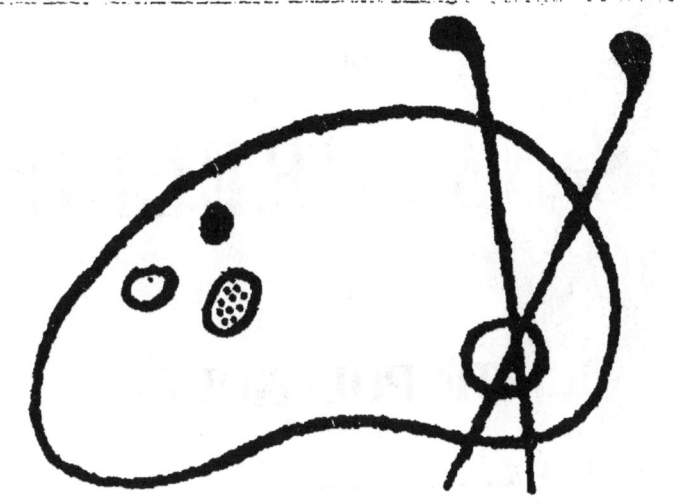

Début d'une série de documents en couleur

ESSAI
SUR LES
LOIS NATURELLES
DE LA
SOCIÉTÉ POLITIQUE

« *Non est enim potestas nisi à Deo ; quæ autem sunt, à Deo ordinatæ sunt.* »
Ad Rom., XIII, 1.

« Toute puissance vient de Dieu, et toutes les puissances qui existent, sont ordonnées de Dieu. » — Ont été mises dans l'ordre par les lois qui sont les volontés de Dieu.

MOULINS
IMPRIMERIE ÉTIENNE AUCLAIRE
SUCCESSEUR DE C. DESROSIERS

1898

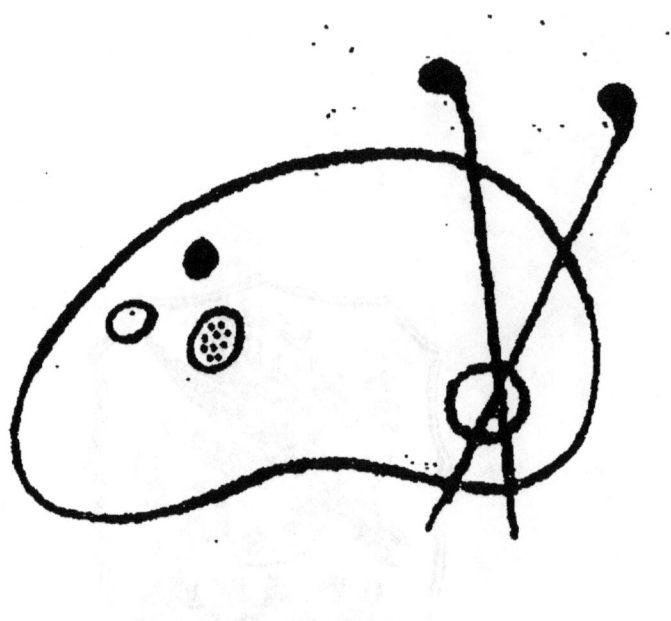

Fin d'une série de documents en couleur

ESSAI
SUR LES
LOIS NATURELLES
DE LA SOCIÉTÉ POLITIQUE

LISTE DES TRAVAUX PRÉCÉDENTS

1º De l'Esprit national, in-18, Paris, chez Dentu, 1850.

2º Petit cours de politique populaire. — Lettres à un ouvrier. — Dix-huit lettres. — *Mémorial de l'Allier*, du 19 août 1871 au 2 juin 1872, sous la signature pseudonyme de A. William.

ESSAI

SUR LES

LOIS NATURELLES

DE LA

SOCIÉTÉ POLITIQUE

> « *Omnis anima potestatibus sublimioribus subdita sit; non est enim potestas nisi à Deo; quæ autem sunt, à Deo ordinatæ sunt.* »   Ad Rom., XIII, 1.

> « Toute puissance vient de Dieu, et toutes les puissances qui existent, sont ordonnées de Dieu. » — Ont été mises dans l'ordre par les lois qui sont les volontés de Dieu.

MOULINS

IMPRIMERIE ÉTIENNE AUCLAIRE

SUCCESSEUR DE C. DESROSIERS

1898

AVANT-PROPOS

J'essaie d'écrire un traité de politique générale, et de déterminer les lois fondamentales et naturelles de la société.

Tout a été dit sur la science politique, par les écrivains et les sages ; mais chaque esprit s'est placé à son point de vue, et n'a considéré qu'un côté de la science. Ce qui reste à faire, c'est de coordonner ces vérités dans un vaste système.

Je veux éclairer ma voie à la lumière des grands esprits de tous les temps, et confirmer la faiblesse de mes vues personnelles par l'autorité des grands écrivains. J'aurai donc soin de citer leurs paroles en note et en marge de ce travail.

Cette étude est le résumé de mes idées politiques. J'ai beaucoup écrit sur ce sujet, mais cela est dispersé dans les nombreux articles que j'ai publiés dans les journaux, depuis cinquante ans, et principalement dans le *Mémorial de l'Allier*, sous ma signature ou sous le voile de l'anonyme. Je transporterai souvent ici des extraits de ces anciens articles sans même en faire mention.

A. FAYET.

— « Dans la science politique, il faut savoir ce qui doit être pour bien juger de ce qui est. » — J.-J. ROUSSEAU, *Emile*, Livre 5.

Je ne publie ce travail qu'aujourd'hui, mais il a été écrit en 1890.

CHAPITRE PREMIER

Qu'il y a des lois naturelles de la Société.

1. — Il y a une cause première des êtres

L'univers qui est sous nos yeux est un composé d'êtres finis, contingents et dont nul ne trouve en soi la raison de son existence. Chaque effet est produit par une cause qui, elle-même, est produite par une autre, et l'esprit, pour expliquer l'existence du dernier des atomes, est forcé de remonter, de degrés en degrés, jusqu'à une cause première d'où découlent toutes les autres et qui donne le branle à l'univers. C'est une chaîne immense dont tous les anneaux se lient et se déroulent dans une succession indéfinie ; mais il faut que le premier anneau en soit tenu par une force immobile et souveraine, qui est la main de Dieu.

Dire que cette chaîne est suspendue par sa propre force et se tient par elle-même, c'est soutenir qu'une série d'êtres finis est infinie; c'est se jeter dans le non-sens et l'absurdité, autant vaudrait-il prétendre que les engrenages d'une machine se meuvent par eux-mêmes, sans qu'il soit besoin d'un moteur et d'un grand ressort qui leur donnent le mouvement.

A moins de nier la logique, qui est la lumière de notre esprit, et d'aller contre les lois de la raison humaine, il faut donc reconnaître qu'il y a un Dieu, c'est-à-dire un Etre cause première et raison de tous les êtres.

2. — Dieu gouverne par des lois

Il y a de l'intelligence et de l'ordre dans l'univers. Tout y est disposé avec raison et mesure. Tout y révèle l'action d'une intelligence suprême. N'est-il pas absurde de penser qu'une force aveugle aurait pu créer des êtres intelligents, et mettre de l'ordre dans ses ouvrages? Il y a donc une Raison éternelle qui ordonne tout dans l'harmonie. Mais l'ordre ne peut naître ni se maintenir que par des lois. Dieu gouverne donc le monde par des lois, et ces lois sont ses volontés. La hiérarchie de ces lois, c'est l'ordre, et le principe de ces lois est dans la raison divine (1).

3. — Tout être a ses lois

Dieu est la raison éternelle ; son intelligence est infinie, et sa volonté nécessairement conforme à sa raison, et par conséquent toujours droite. Il ne peut donc créer un être, sans se proposer un but ; car autrement il agirait sans

---

(1) « La philosophie chinoise la plus ancienne se trouve dans l'*Y-King*, encyclopédie qui passe pour avoir été mise en ordre par Fo-Hi. Dieu y est considéré comme la pierre angulaire sur laquelle tout repose ; il est à la fois *Ly* et *Tao*, la raison et la loi, et se révèle comme tel à notre intelligence. » (Cantu, *Hist. universelle*, tome III, page 346.)

— « Il y a une raison primitive ; et les lois sont les rapports qui se trouvent entre elle et les différents êtres, et les rapports de ces divers êtres entre eux. » (Montesquieu, *Esprit des lois*, liv. Ier, chap. 1er.) (C'est l'axiome fondamental.)

— « L'ordre, dans sa notion la plus étendue, est l'ensemble des rapports qui dérivent de la nature

raison, ce qui ne saurait s'entendre. Tout être a donc une fin à laquelle il doit tendre, et la ligne qu'il doit suivre pour l'atteindre, est sa loi. N'y eût-il qu'une seule créature dans le monde, elle aurait nécessairement des rapports avec son créateur : elle aurait donc des lois. Mais supposé que plusieurs êtres existent, ils auront des rapports entre eux, et de ces rapports naîtront des lois ; « car, dit Montesquieu, les lois ne sont que les rapports des divers êtres entre eux. » (*Esprit des lois*. Liv. Ier, chap. 1er (1).

---

des êtres, et ces rapports sont des vérités, puisqu'ils existent indépendamment de l'esprit qui les considère. » (LA MENNAIS, *Essai*, 2e partie, chap. IV, tom. Ier, p. 332, in-12.)

— « La loi est la reine de tous mortels et immortels. » (PLUTARQUE.)

(1) « Le Ciel (Dieu, *le Tsin*), en créant l'homme et tout ce qui existe (10,000 choses), donne à chaque classe d'êtres des lois qui lui sont propres, et qui constituent sa *nature* ; tout être, toute chose doit se conformer à sa nature, c'est-à-dire observer les lois qui lui sont imposées. En d'autres termes : le Ciel place chacun dans une voie qu'il doit suivre. De là la maxime : « La loi du Ciel est appelée nature. » (Préface de Confucius. — Voir

4. — Les lois de la nature sont les volontés de Dieu

« Les lois, selon Montesquieu, sont les rapports nécessaires qui dérivent de la nature des choses » (*Esprit des lois*, chap. 1er), et elles sont en même temps, selon M. de Bonald (*Essai analytique*, chap. VI), « l'expression de la volonté générale de Dieu. » Et ces deux définitions sont, au fond, la même chose. C'est parce que Dieu l'a voulu que les êtres existent de telle ou telle manière ; la nature des choses créées a été constituée par la volonté de Dieu (1).

Je m'explique : Avant toute création, il existait dans la pensée divine un nombre infini de mondes possibles dont Dieu voyait les types

---

le *Tsin* dans l'article, par ANTONINI. — *Congrès scientifique des catholiques de 1891*, p. 254.

(1) « Faraday (célèbre physicien anglais) ne croyait pas même à l'existence de la matière, loin de lui tout accorder ; il ne voyait dans l'univers qu'une seule force obéissant à une seule volonté ; ce qu'on appelle matière n'était à ses yeux qu'un assemblage de centres de force. » (*Eloge de Faraday*, par M. DUMAS, à l'académie des Sciences, le 18 mai 1862.) — « Faraday et Newton avaient

divers avec l'ensemble de leurs rapports ou de leurs lois. Aucun de ces mondes n'était nécessaire, et Dieu était libre de les rejeter tous, ou de s'arrêter, pour le réaliser, à tel ou tel de ses plans possibles. Mais sa détermination et son choix une fois fixés, et supposé la réalisation d'un de ces idéals, les rapports ou les lois entre les êtres qu'il aura créés, seront immuables et nécessaires. La volonté de Dieu ne pourra se distinguer de la nature des choses, car Dieu ne peut vouloir que ce qui est contenu dans sa raison éternelle (1), et c'est là qu'existent les lois réalisées dans l'existence des êtres créés, en d'autres termes, dans la nature des choses (2).

---

conservé les pieuses convictions de leur enfance. » (*Idem. ibid.*)

(1) C'est ce qui a fait dire à un sage de l'antiquité : « La loi est la reine des mortels et des immortels. » (PLUTARQUE.)

(2) Ces lois sont nécessaires et éternelles. — En quel sens. (V. CUMBERLAND, *Traité phil.* des lois naturelles. Disc. prélim., n° 28, p. 33.) — Sur les lois éternelles et nécessaires (v. un passage admirable de Malebranche, *Recherche de la Vérité*, 10° Eclaircissement, Œuvres, t. I, p. 324 et suiv., in-4° 1837).

5. — Caractères des lois

Les lois ne sont que l'action de Dieu dans l'univers ; elles en portent le caractère. Elles sont fixes, constantes, immuables ; elles ramènent tout à l'unité. Elles ont formé et elles maintiennent le monde physique en soumettant le chaos des éléments matériels aux lois cosmogoniques, comme elles ont créé et soutiennent le monde des esprits en ramenant le chaos des volontés aux lois de l'ordre moral.

Toutes les lois sont donc divines. « Les lois, dit un éminent philosophe, sont les traces de Dieu. Dans cet océan de phénomènes, nous ne voyons d'autre lumière que la loi. La loi nous explique les faits. Sous les êtres se trouvent les lois, et sous les lois se trouve Dieu. Les faits sont les phénomènes des lois, et les lois, en quelque sorte, les phénomènes de l'infini. Les lois ne sont déjà plus les êtres, mais les volontés créatrices elles-mêmes. Il n'y a pas la moindre raison pour que les globes soient attirés, ou pour que deux molécules restent liées. Sous le nom d'affinité, Dieu est entre chacune d'elles pour les unir comme en chacune d'elles, pour les créer. Les lois ne sont que ses volontés vivantes.

« C'est une habitude vulgaire d'appeler les faits *positifs*, parce qu'on les voit, et les lois *abstraites*, parce qu'on ne les voit pas. Les faits pourraient ne pas être, et les lois qui régissent les faits, sont essentielles et immuables. La loi seule est bien *positive*, si l'on tient à cette expression, la loi, manifestation de la pensée de Dieu et de sa volonté dans le temps et l'espace où nous vivons. » (BLANC-SAINT-BONNET, *De l'Infaillibilité*, 3ᵉ partie, ch. LII, p. 226, 227.)

6. — NÉCESSITÉ DE L'EXISTENCE DES LOIS

La création tout entière n'est qu'un ensemble de lois d'où résultent l'ordre et l'harmonie entre les êtres. Il y a des lois partout, et il n'est pas possible qu'il n'y en ait point. Si l'univers n'était régi par des lois qui sont les volontés d'une suprême intelligence, il ne serait jamais sorti du chaos, et il y retomberait de lui-même. Ni la fatalité ni le hasard ne sauraient expliquer l'existence du monde. Une force aveugle ne produit point un ordre constant, et le hasard ne produit rien, car le hasard n'est qu'un mot dont nous couvrons notre ignorance en face d'un fait dont nous ne voyons point la raison. Aussi, le hasard et la fatalité reculent à mesure que la science progresse et nous découvre l'existence des causes.

7. — Les lois dans le monde physique.

Les lois qui régissent la matière frappent tous les yeux, et l'existence des lois du monde physique se montre avec un éclat qui ne permet point de les méconnaître. Dans le règne végétal, dans la physiologie, dans l'astronomie et la mécanique, tout est soumis à des règles fixes ; tout est dirigé par des lois constantes. Les êtres matériels suivent leur cours invariable. La science, par l'observation des faits, en découvre les lois, les soumet à ses calculs et les réduit en formules générales. Là, tout est invariable et déterminé, parce que la matière, inerte de soi, obéit à des affinités, à des impulsions, c'est-à-dire à des lois que rien ne contrarie. Le *fiat* créateur s'y prolonge indéfiniment, et agit, pour ainsi dire, d'une manière fatale, car il ne rencontre aucune activité libre qui puisse le faire dévier. Aussi

Pythagore enseignait-il que les rapports des êtres étaient réglés par les nombres ; et ce qui l'avait conduit à formuler sa théorie, c'est qu'il avait reconnu dans l'univers les proportions et les lois qui se retrouvent dans l'arithmétique et la géométrie.

8. — Les lois dans le monde moral et politique

Si le monde physique a ses lois, le monde des esprits, le monde moral et social n'aura-t-il pas aussi les siennes ? Qui l'oserait dire ? Quoi ! la lumière divine ne pénétrerait pas dans la sphère où se meuvent les intelligences ! Le monde intellectuel et moral serait fermé à l'action des lois divines ! Est-il possible de s'arrêter à cette pensée et de se heurter à ce doute sans l'écarter, même avant tout examen ? Mais examinons les faits sociaux, et ils vont bientôt nous révéler les lois qui les régissent (1).

---

(1) « L'ordre est la loi inviolable des Esprits ; et rien n'est réglé, s'il n'y est conforme. » (Malebranche, *Traité de morale*, ch. II, part. IX.)

(L'ordre n'est pas la loi, mais le but et le résultat de la loi. — L'ordre suppose la loi.)

« L'intelligence a ses lois. Dieu, qui a fait l'intel-

Une loi se reconnaît à ces deux caractères : l'universalité des faits et leur constante reproduction. Or, il y a un grand nombre de faits sociaux et politiques qui se présentent à nous revêtus de ces deux caractères et qui, par conséquent, sont des lois sociales et politiques (1).

9. — La loi de sociabilité

L'homme vit partout et toujours en société ; il ne peut ni subsister ni développer ses facultés hors de l'état social. C'est là un fait per-

---

ligence, a bien su que les lois imposées par lui à l'intelligence, seraient, jusqu'à la fin, suivies par elle. Une loi gouverne le monde physique ; une loi aussi rigoureuse gouverne le monde de l'humanité. Le cours des sociétés humaines est toujours semblable ou analogue, dans tous les temps et dans tous les lieux. (BALLANCHE.)

(1) « Ce n'est pas seulement la mécanique céleste (l'astronomie), mais aussi la mécanique sociale qui révèle la sagesse de Dieu, et raconte sa gloire. » (BASTIAT, *Harmonies économiques*, préface, p. 12, 6ᵉ édition, in-12.)

« Le monde moral a ses lois comme le monde physique. Ces lois sont à cet ordre de choses

manent, universel, attesté par l'histoire du genre humain, par l'observation et l'expérience de tous les siècles. Hors de la société, l'homme végète dans la vie sauvage et tombe peu à peu dans l'animalité. Et encore dans la vie sauvage, se découvrent quelques rudiments de société, et la famille y subsiste avec ses lois indestructibles qui en unissent les membres, et sans lesquelles la propagation et la durée de l'espèce seraient impossibles. De là, cette première loi sociale, reconnue par tous les philosophes, que la société est, dans la nature de l'homme, la condition nécessaire de son existence, ou, en d'autres termes, que l'homme est naturellement sociable (1); axiome fondamental de la science politique.

---

d'une nature supérieure à ce que les affinités, l'attraction, la gravitation, sont à un autre ordre de choses. » (PORTALIS, *De l'Esprit philosophique*, chap. XXVIII, t. II, p. 251, in-8°, 3ᵉ édit. 1834.)

« L'attraction est la loi naturelle du monde physique qui ne peut, sans l'ordre de Dieu, s'y soustraire. L'homme ne peut pas davantage se soustraire à l'attraction morale ou à la loi qui lui est naturelle. » (Th. MITRAUD, *De la nature des sociétés*, p. 121; in-12, 1855.)

(1) J'ai écrit *sociable*, mais ce mot contenant

10. — La famille a ses lois

La famille est l'élément et la première forme nécessaire de la société. Trois termes la constituent : le père, la mère et l'enfant ; et la nature établit entre eux des rapports d'où naissent les lois qui la régissent et en font un tout harmonique. Ici, rien n'est laissé au hasard, ni à l'arbitraire des volontés humaines. Les rapports ou les lois qui en unissent les membres sont évidents, tangibles, pour ainsi dire, et fondés sur la nature des choses. La famille se trouve partout ; elle est à la base de toutes les sociétés, sous toutes les formes politiques quelque variées qu'elles aient pu être.

---

l'idée de possibilité, pourrait faire supposer l'existence d'un état antérieur à toute société dans lequel l'homme aurait pu vivre primitivement. Il faut donc dire : naturellement *social*, pour éviter toute ambiguïté. (V. Thorel, *Origines des sociétés*, t. I, p. 231, in-12.)

La sociabilité est une aptitude, une tendance naturelle de l'homme à l'état de société, mais l'état de sociabilité n'a jamais existé, puisque l'état de société, au moins dans la famille, a toujours existé en fait.

Le temps et les passions de l'homme qui détruisent tout, n'ont pu détruire cette œuvre de Dieu. Elle a traversé les siècles et les révolutions des empires, toujours vivante, toujours invariable dans sa constitution primitive, et toujours la même dans son indestructible unité. Et l'existence de la famille nous révèle une loi fondamentale de l'ordre social.

11. — Naissance de la Cité, de l'État

De nouvelles familles se forment à chaque génération. Elles se séparent ou le plus ordinairement, elles se juxtaposent et se groupent sous la tutelle des anciens, des auteurs de la race ; et de là naissent le clan, la tribu, la nation. Des rapports naturels existent entre ces diverses agglomérations. Elles ont chacune leurs intérêts, leurs droits et leurs devoirs, déterminés aussi comme ceux de chaque individu, par la nature des choses. Ce sont des personnes morales, et elles ont donc leurs lois.

Mais il devient nécessaire pour elles de protéger leurs intérêts, de défendre leurs droits, de rappeler à chacune ses devoirs, et, au besoin, de les imposer, de maintenir l'ordre intérieur et extérieur contre les passions perverses, et contre les attaques qui amèneraient bientôt pour elles le trouble, l'anarchie et la destruction. De là, la nécessité d'une force directrice et coactive, d'un pouvoir général, d'une souveraineté politique, sans lesquels les familles ne pourraient ni exister ni pleinement se développer. Ainsi naît un troisième fait social, qui est la cité ou l'Etat.

12. — L'Etat a ses lois

L'Etat est le complément nécessaire de la société domestique, la condition nécessaire de sa vie complète, de sa sécurité et de son libre développement. Si la société peut être comparée à un édifice, la famille en forme les premières assises, et le pouvoir politique en est le couronnement.

L'existence du pouvoir politique constitue la cité, la nation. C'est aussi un fait naturel et universel ; il sort de lui-même et spontanément de l'évolution naturelle de la loi de sociabilité, et de l'extension progressive des familles. Dans la vie sauvage, il n'est pas encore né, ou il a disparu par la décadence et la dissolution des éléments sociaux ; en tout cas il n'existe qu'à l'état rudimentaire. Mais il n'y a pas d'état de civilisation sans lui ; il la crée, la perfectionne et la maintient. Ils naissent simultanément et disparaissent ensemble. Ce fait, vérifié par une expérience constante, prouve que la société politique est dans la nature de l'homme et qu'elle résulte de ses tendances invincibles. Mais si la société politique est nécessaire, elle a donc aussi ses lois qui sont l'expression des rapports entre les éléments qui la constituent.

13. — Il y a une science politique

Puisque les lois politiques existent, il est possible de les découvrir, et d'en donner les formules. Les lois politiques ne sont pas d'une autre essence que les lois physiques ; c'est donc par le même procédé qu'on peut arriver à les connaître.

Comment se sont construites les sciences physiques ? On constate les faits, on les classe selon les rapports qu'ils conservent entre eux ; on les observe dans leurs causes, dans leur filiation et leurs effets ; et la constance des causes et des effets nous donne une loi.

Autre exemple : La géométrie a été faite par le génie de l'homme. On a tâtonné longtemps sans doute ; mais en partant de principes évidents, et par l'étude et la réflexion, en marchant de déductions en déductions, on est arrivé à constituer cette science sur des bases inébranlables. Pourquoi, en suivant la même méthode, et par l'étude attentive des faits sociaux, ne pourrait-on parvenir à reconnaître et à déterminer les lois générales qui régissent la marche et les développements des sociétés politiques ? C'est ce qu'il me paraît impossible de ne pas admettre.

14. — Méthode de la science politique

Dieu, en créant l'humanité, a conçu un ensemble de rapports ou de lois d'après lesquels il réalisait son œuvre. La société était dans l'idéal divin. Connaître et découvrir cet idéal, type primitif des lois sociales, est le but de la science politique. Pour cela, il faut reconnaître les fait sociaux permanents, universels, les séparer de tout ce qui est particulier, mobile, et de ces faits, déduire les principes. L'idéal divin est l'ensemble de ces principes.

Il ne faut confondre l'idéal ni avec l'imaginaire, ni avec tout ce qui est. Ainsi Platon *imagine* une République. Il invente ce qui n'existe ni dans la réalité ni dans l'idéal divin ; il crée une utopie, c'est-à-dire ce qui n'existe nulle part. Par un procédé contraire, Montesquieu cherche le motif, l'esprit de tout ce qui est et non les principes de ce qui doit être. Il ne sépare pas assez ce qui, dans les faits, est local et produit par l'action arbitraire des volontés humaines, de ce qui est universel et le résultat des lois divines ; et il tombe ainsi dans les erreurs qui déparent son ouvrage.

La vraie méthode marche entre ces deux excès. La science n'a pas pour objet de créer, mais seulement de découvrir de ce qui est ou, pour mieux dire, de ce qui doit être.

Elle ne trouve pas non plus des règles dans chaque fait ; car elle sait qu'il y a des faits anormaux, produits de la liberté de l'homme, qui ne sont que des déviations des lois divines. Dans la science politique, la logique doit être d'accord avec la réalité. Il faut vérifier les faits par les principes, et les principes par les faits. L'histoire est donc la pierre de touche de la vérité des théories.

15. — La politique est une science et un art

La politique est à la fois une science et un art ; science dans la connaissance des principes ; art dans l'application. Il y a la théorie et la pratique. La première est nécessaire, immuable et divine ; la seconde est moins rigide, elle admet des tempéraments. Pour bien gouverner, il ne faut jamais séparer la théorie des données fournies par l'étude des circonstances. C'est en ce sens qu'il faut entendre, pour qu'il soit juste, ce mot de Solon : « Je n'ai pas donné aux Athéniens les meilleures lois, mais celles-là seulement qu'ils pouvaient supporter. »

Il faut se garder de l'utopie. Machiavel a dit : « Bien des gens ont imaginé des républiques et des principautés telles qu'on n'en a jamais vu ni connu. Mais à quoi servent ces belles imaginations ? Il y a si loin de la manière dont on vit à celle dont on devrait vivre, qu'en n'étudiant que cette dernière, on apprend plutôt à se ruiner qu'à se conserver, et celui qui veut en tout et partout se montrer homme de bien, ne peut manquer de périr au milieu de tant de méchants. » (*Du Prince*, chap. xv, édit. Lonandre, p. 66, in-12.) — Sans adopter la pensée immorale du philosophe italien, il en faut retenir cette vérité : que celui qui gouverne doit se souvenir que les hommes ont des passions et des vices. Un homme politique doit songer aux méchants. Sa mission est de faire tourner au bien les passions qu'il est appelé à maîtriser.

Mais si l'infirmité d'un peuple ne permet pas au législateur d'établir des lois parfaites, il ne doit du moins ne lui en jamais donner de vicieuses ; car les vices des lois ne feraient qu'ajouter aux vices de la société. L'homme d'Etat doit se sentir tellement dominé par les lois morales et divines, qu'il n'en contrarie jamais l'action.

16. — Puissance des principes

Puisqu'il y a des lois politiques nécessaires, il s'ensuit qu'elles tendent constamment à se réaliser dans les faits. Il y a une logique secrète et supérieure qui agit sur les choses humaines, fait sortir les mêmes effets des mêmes causes, enchaîne et domine les événements, seconde ou paralyse l'action des gouvernements, et explique les progrès ou la décadence des nations. L'art de l'homme d'Etat consiste à se placer dans les lignes de cette logique divine, à écarter les obstacles qui en entravent l'action, s'il agit autrement, s'il substitue sa volonté aux tendances naturelles des lois sociales, son œuvre ne saurait aboutir (1). Rousseau lui-même l'a reconnu, malgré ses erreurs et ses préjugés : « Si le législateur, dit-il, se trompant dans son objet, établit un principe différent de la nature des choses, l'Etat ne cessera d'être agité jusqu'à ce que ce principe soit détruit ou changé, et que l'invincible nature ait repris

---

(1) « Il n'appartient ni aux hommes, ni aux nations, ni aux lois humaines de créer des principes, des fondements, mais d'édifier sur ceux qui, suivant toute apparence, et d'après la nécessité des lois imprescriptibles de la nature, ont été posés par la divinité même : c'est tout ce qui appartient réellement aux hommes, aux nations et aux lois humaines. Supposer toute autre espèce de fondement, et vouloir bâtir dessus, c'est bâtir des châteaux en l'air. » (J. HARRINGTON, *Aphorismes politiques*, chap. dernier, n° 85.) — Comparer avec l'aphorisme 27 du même chap. et les aphor. 8, 9 et 10 du chap. XIV.

son empire. (*Contrat social*, liv. II, chap. xi.) Cette vérité a la valeur d'un axiome. Tous les maîtres de la science politique ont constaté cette force des lois naturelles ; la reconnaître est le premier principe et comme la clef de la science sociale (1).

17. — Forme idéale de la société

Si l'on admet l'existence de lois sociales supérieures, il en résulte la nécessité d'organiser la société selon ces lois. Théoriquement, il n'y a donc qu'une seule organisation sociale qui soit absolument parfaite ; c'est celle qui réaliserait le plan de l'idéal divin. Le travail

---

(1) « Tout gouvernement est l'ouvrage de la sagesse humaine, et la sagesse humaine est calculée sur la nature de l'homme. » (Harrington, *Aphor. polit.*, chap. dernier, aphor. 36 et 38.)

« Il y a des lois dans le monde moral comme dans le monde physique ; nous pouvons bien les méconnaître, mais nous ne pouvons pas les éluder. Elles opèrent tantôt pour nous, tantôt contre nous, à notre choix, mais toujours de même et sans prendre garde à nous ; c'est à nous de prendre garde à elles. » (H. Taine, *Le Régime moderne*, liv. II, chap. ii, p. 154.)

de l'humanité est de tendre à cette forme de société qui répondrait absolument aux fins de l'homme sur la terre, à ses aspirations et à ses tendances vers la justice, en satisfaisant ses besoins de bien-être moral et matériel, et en favorisant l'expansion de ses facultés dans la pratique de ses droits et de ses devoirs.

C'est à la lumière de cet idéal que doit s'inspirer le législateur; et la théologie chrétienne en a donné la formule dans ces lignes magistrales: « Celui qui donne des lois aux sociétés humaines, s'il est sage et homme de bien, consulte la loi éternelle, afin que, selon ses règles immortelles, il ordonne ce qu'il faut faire ou ce qu'il faut éviter. » (S. AUGUSTIN, *De verâ Religione*, cap. XXXI.) Et saint Thomas, avec plus de précision : « Il est nécessaire que toute loi humaine dérive de la loi naturelle qui est la première règle de la raison. » (*Summa theol.*, 1ᵉʳ, 2ᵉ, *quæst.* 95, art. 2.)

18. — FAUSSES PRÉTENTIONS DES RÉFORMATEURS RÉVOLUTIONNAIRES ET SOCIALISTES

Nier l'existence des lois naturelles et divines en politique, c'est donner gain de cause aux prétentions des utopistes révolutionnaires, car si la société n'est pas une œuvre divine, c'est une création humaine; mais ce que l'homme a fait, il peut le refaire ou le défaire. Voilà donc la porte ouverte à toutes les élucubrations des réformateurs. Il n'y a donc plus de stabilité pour les institutions, et la société pouvant être remaniée chaque jour de fond en comble, vit dans un provisoire perpétuel. La famille, la propriété, tout ce qu'il y a de plus fondamental, peut être supprimé ou soumis à des réorganisations nouvelles, et l'on n'a plus de base pour résister logiquement aux entreprises des démolisseurs et des reconstructeurs de la société.

C'est de nos jours surtout qu'on a voulu construire la société par la voie du raisonnement. Depuis J.-J. Rousseau, en passant par Saint-Simon, Fourier, Ch. Comte, jusqu'à K. Marx, chaque réformateur apporte son plan d'organisation, sa *machine*, comme disait l'un d'eux, Pierre Leroux, à la Chambre en 1848, sans s'inquiéter si tout cela est conforme à la nature des choses. Mais cette doctrine des lois naturelles et divines de la société coupe court à toutes ces théories arbitraires. Le plan divin existe, immuable, établi de toutes pièces. Il n'y a donc plus de place pour toutes les spéculations particulières.

19. — Révolutionnaires et absolutistes sont également confondus

En dehors de la doctrine des lois supérieures en politique, il est impossible de trouver aucun principe logique de gouvernement, aucune raison pour légitimer l'autorité et imposer l'obéissance. C'est l'homme alors qui fait la loi ; et la loi perd ainsi tout caractère obligatoire, car le principe d'obligation d'une loi ne saurait venir des volontés humaines, il faut qu'il découle d'une volonté supérieure et divine. La loi ensuite devient mobile et variable comme la volonté de l'homme. Le monde est donc livré aux caprices des rois ou des peuples. Le succès par l'astuce ou la violence, légitime toutes les tyrannies. C'est en vain que vous invoqueriez la justice et le droit, puisqu'il ne reste en haut d'autre principe qu'une aveugle fatalité, et en bas, d'autre loi que la force. C'est le système de Hobbes et de Machiavel qui triomphe dans la politique.

Au contraire, reconnaît-on qu'il y a, en politique, des lois primitives et supérieures que l'homme n'a point faites et qui le dominent, on est forcé de confesser qu'il y a un ordre nécessaire de droits et de devoirs, que le pouvoir comme les sujets sont liés par des lois supérieures. Puisque la société n'est pas créée par les conventions arbitraires des hommes, on ne peut pas soutenir, avec Rousseau, que « le peuple est toujours le maître de changer ses lois, même les meilleures ; car s'il lui plaît de se faire mal à lui-même, qui est-ce qui a le *droit* de l'en empêcher ? » (*Contrat social*, liv. II, chap. xii), ni avec Jurieu, que « le peuple n'a pas besoin d'avoir raison, pour valider ses actes. » (Cité par Bossuet, *V° avertissement*, n° 59.) Notre doctrine condamne donc à la fois la tyrannie royale et la violence populaire.

20. — Différences des lois du monde physique et du monde moral

Les lois du monde physique produisent leurs effets avec une régularité constante et, pour ainsi dire, fatale. La matière inerte suit d'une manière invariable l'impulsion de la volonté créatrice. Il n'en est pas de même dans le monde moral et politique. Là se rencontre un fait nouveau, l'intelligence, l'activité des êtres qui le composent, et le pouvoir de prendre une détermination. L'homme est doué de liberté ; il a, comme parle Bossuet, « l'épouvantable pouvoir » de se mouvoir, et, par suite, de sortir des voies de l'ordre divin et de faire le mal. Arrêtons-nous à considérer de plus près ce fait de la liberté morale (1).

Dieu, sans doute, aurait pu créer le monde des esprits dans des conditions telles que, l'intelligence étant illuminée des clartés divines, la volonté aurait été attirée nécessairement, bien que librement, vers la vérité et le bien, et que la défaillance eût été impossible.

---

(1) « Le développement dans le monde matériel s'effectue avec une sagesse et une régularité constantes, parce que Dieu agit seul, et ce qu'il fait est toujours bien fait. Dans le monde moral, le développement est tantôt interrompu, tantôt irrégulier, souvent même il revêt un tel caractère d'opposition aux vues du Créateur, que l'humanité tout entière se trouve alors en souffrance, et dit d'une commune voix : « Je ne suis pas bien. » (*Philosophie de la Bible*, par .l'abbé A.-B. CLÉMENT, tome II, p. 293, in-8° 1843.)

C'est, selon la théologie chrétienne, l'état actuel des esprits célestes et des âmes bienheureuses, confirmés après l'épreuve, dans la grâce et la vérité.

Mais le Créateur n'a pas constitué de cette manière le plan de son œuvre. Il a voulu soumettre les esprits aux chances de l'épreuve, et il leur a donné la liberté, le pouvoir de se conformer aux lois divines ou de s'en écarter. De là, comme conséquence, la possibilité de l'existence du mal.

Que Dieu ait permis le mal, et l'ait fait entrer, malgré sa prescience de la chute de sa créature, dans le plan du monde moral, c'est un mystère pour la raison humaine, et les efforts de la philosophie ont été impuissants à en donner l'explication. Mais la liberté de l'homme est une vérité certaine, un fait primitif de la conscience ; et l'existence du mal en ce monde se pose aussi comme un fait évident. Voilà donc deux vérités qu'il faut admettre, car l'impossibilité d'expliquer des faits reconnus et d'en concilier la coexistence, ne saurait en détruire la réalité.

21. — Action des lois divines et de la liberté humaine dans la société

Le mal existe, et il a ses causes dans l'imperfection de notre intelligence et surtout dans la défaillance de notre volonté. La liberté de l'homme, en se portant vers le mal, est donc d'abord une perturbation qui contrarie l'action des lois divines et les empêche de produire ou du moins retarde leurs effets. En outre, l'action des lois naturelles et l'activité de l'homme se combinent, comme deux forces ou parallèles ou opposées, pour produire les événements. Tous les faits de l'histoire en sont la résultante.

Au milieu des déviations produites par la résistance des volontés humaines, il est donc beaucoup plus difficile de constater les lois qui président aux évolutions des sociétés, que de découvrir celles qui règlent la marche du monde matériel. Le philosophe qui veut reconnaître les lois sociales est comme le marin qui, pour calculer la marche de son vaisseau, doit tenir compte de l'impulsion de l'hélice ou des voiles qui le poussent en avant, et de la résistance des vents et des flots qui le retardent et le forcent de louvoyer.

22. — Erreurs des sceptiques politiques

C'est pour avoir méconnu cette double action dans les événements sociaux, ou pour n'avoir pas su bien distinguer la part qu'il fallait attribuer à chacune d'elles, que tant de faux systèmes ont été créés. C'est à cette difficulté qu'il faut attribuer aussi le peu de progrès de la science politique. C'est en même temps ce qui explique l'erreur de ceux qui ont nié l'existence des lois naturelles et nécessaires de la société.

A travers la variété des faits sociaux, et l'enchevêtrement de leurs causes multiples, leur vue s'est troublée. La fixité des lois supérieures échappant à leurs regards, ils n'ont vu dans les événements que les effets des passions et des volontés humaines, dans leur développement que le hasard, dans leur succession que le désordre. La société, les institutions politiques n'ont plus été pour eux qu'une création du génie humain, qui peut en modifier les formes à son gré et selon ses vues.

Pour cela, ils ont repris le travail des sceptiques, et ils ont reproduit contre les lois de la politique, les objections de Montaigne et de Locke contre les lois de la morale. Comme eux, ils ont fouillé dans l'histoire pour en exhumer toutes les erreurs des gouvernements, toutes les déviations des coutumes, toutes les turpitudes de la vie sauvage ou des civilisations en décadence, et de ce tableau de toutes les corruptions, de tous les désordres et de tous les vices, ils ont conclu à la négation des lois supérieures ; ils ont fait sortir de leur scepticisme la destruction de l'idée même du droit.

23. — Réfutation des sceptiques

Vains sophismes qui ne sauraient prévaloir contre la conscience du genre humain. « La seule loi de l'homme, disent-ils, c'est la liberté de se mouvoir dans la raison. » Soit. Mais encore cette raison elle-même a des lois qu'elle n'a point faites ; et ces lois se trouvent dans la sphère supérieure de la vérité logique, laquelle n'est autre que la raison éternelle et divine.

« La société, ajoutent-ils, est un effet de la raison de l'homme, et la raison de Dieu n'y intervient pas plus qu'elle n'intervient dans la

construction d'une maison ou d'un navire. »
Je réponds qu'elle y intervient au même titre.
La construction d'une maison ou d'un navire
ne peut se faire que par l'application des lois
de la statique et de la dynamique, qui sont
des lois de Dieu dans l'ordre physique, de
même qu'une société ne peut s'établir que par
l'application des lois sociales et politiques, qui
sont les lois de Dieu dans l'ordre moral.
L'œuvre d'un législateur, s'il s'affranchit de
ces lois logiques, ne sera pas plus solide que
celle du constructeur qui se place en dehors
des lois physiques.

« Et la liberté de l'homme, dit un éminent
publiciste, n'est pas plus détruite par l'immutabilité, par la divinité des lois politiques
qu'elle ne l'est par l'immutabilité et par la
divinité des lois mathématiques. Un architecte
est bien libre de ne pas suivre les lois de la statique en construisant une pyramide, seulement
il doit savoir que s'il la met sur la pointe, il
faudra qu'il la soutienne à force de bras, et
qu'il risquera d'être écrasé par elle, quand ses
forces se seront usées à la soutenir. De même
les peuples sont parfaitement libres de faire
des révolutions et d'établir des gouvernements

à pyramide renversée, mais ils ne peuvent pas faire que ces gouvernements ne s'écroulent pas et ne les renversent pas. » (De Lourdoueix, *Gazette de France*, 26 nov. 1854.)

Sans doute, on doit reconnaître la raison de l'homme comme un principe d'activité, et sa liberté comme un fait primitif, mais cela ne fait pas que cette raison et cette liberté, légitimes en tant qu'elles s'exercent dans leurs limites propres, soient indépendantes des lois supérieures établies par Dieu (1).

« On trouve, poursuivent les sceptiques, des lois immorales, et une grande variété de lois politiques. » Soit, et s'ensuit-il qu'il n'y ait point de lois supérieures et immuables ? Ces lois particulières ne sont mauvaises, absurdes et nuisibles que parce qu'elles s'écartent des règles morales. Vous ne les jugez comme telles que parce que vous trouvez dans votre raison une lumière qui vous en montre la difformité, et dans votre conscience, une règle qui vous en fait sentir l'immoralité. Mais ce n'est point dans ce jugement que se trouve la raison du vrai ou du faux, du bien ou du mal ; car il ne

---

(1) Opinion de Droz. Cité par Torambert, p. 75.

dépend pas de vous de juger d'une autre manière, et il n'y aurait ni vrai ni faux, ni juste et ni injuste, s'il n'existait pas au-dessus de vous une loi supérieure de vérité et de justice. Prétendre que cette loi n'existe pas, parce qu'on la viole, c'est oublier que l'homme est libre de choisir le mal, et qu'il ne fait pas toujours ce qu'il sait même être le bien. « Malheureux, s'écrie saint Paul, je ne fais pas le bien que je veux, et je fais le mal que je ne veux pas. » (*Rom.* VII, 15, 19.) La liberté de l'homme est infirme, notre volonté, selon la doctrine chrétienne, a été *blessée* par la déchéance originelle ; vérité reconnue même par la philosophie ancienne et si bien exprimée par ce vers célèbre du poète latin :

Video meliora proboque, deteriora sequor.
OVIDE, *Metam.* Liv. VII.

24. — UNION DE LA POLITIQUE AVEC LA MORALE

La politique, si on l'entend bien, est l'art de rendre les hommes heureux, en les gouvernant par des lois justes. On ne doit donc pas séparer la politique de la morale. L'intérêt présent et particulier, le succès ne sont pas la règle du devoir. Le législateur doit se demander : cela est-il juste ? et non : cela est-il utile ? Or, la justice, c'est la loi morale. Mais la loi morale a sa source et sa sanction, dans la raison éternelle et divine, ou plutôt, elle est cette raison elle-même. La politique qui doit être la morale appliquée au gouvernement des sociétés, repose donc sur le même fondement, et nier l'existence des lois supérieures de la politique, c'est nier du même coup les lois morales, ou soutenir qu'elles ne doivent pas être appliquées au gouvernement des hommes.

Ce sont bien là les conclusions des sceptiques et des disciples de Machiavel. Mais cette odieuse doctrine doit être rejetée de la science politique, pour l'honneur de la philosophie et pour le bonheur des hommes. Les plus grands esprits de l'antiquité ont considéré la politique comme une partie de la morale. Plutarque et Platon le déclarent, et Aristote l'établit en ces textes magnifiques : « La morale, dit-il, est la justice, et la justice est l'ordre de la société. Mais un gouvernement est l'organisation de l'ordre social ; c'est donc aux gouvernements surtout qu'il faut appliquer la morale. » (*Moral. à Nicom.* Liv. VIII, chap. xii, xiii et xiv.)

Bossuet a résumé toute cette doctrine lorsqu'il a dit : « La politique est la morale appliquée au gouvernement. Au fond, les règles qui font les particuliers heureux, sont les mêmes qui font les peuples prospères. » Aussi Bossuet, et après lui M. de Bonald, ont-ils placé le Décalogue comme base de la politique ; et, de nos jours, un éminent publiciste, M. le Play, a fait de cette idée le fondement de ses grands travaux d'économie sociale.

25. — LE MAL EST LIMITÉ PAR LES LOIS DIVINES

De ce qu'il y a du mal dans la société, on ne saurait rien conclure contre les lois divines (1). Le mal existe, mais il est contenu et limité ; et il

---

(1) « L'univers est une grande société où tout se tient, où tout se lie, et qui ne subsiste que parce que le principe qui unit tout (Dieu) prévaut sur le principe qui tend à tout isoler (les volontés particulières). Un ordre parfait y régnerait s'il n'était troublé par les individualités libres, car elles seules peuvent violer leurs lois. Mais ces violations ont leur borne et leur remède dans les lois du tout ; et comme elles rentrent elles-mêmes dans le plan divin, qu'elles avaient été prévues, et que,

est impossible qu'il ne le soit pas ; puisque Dieu, qui est l'auteur du monde, veut que son œuvre subsiste, et a établi des lois pour sa conservation. Aussi, les révolutions, œuvre de l'homme, ont-elles des bornes qu'elles ne peuvent dépasser ; elles se heurtent, dans leur

---

d'une certaine façon, elles étaient inévitables, les désordres partiels qu'elles occasionnent, condition nécessaire des êtres les plus élevés (libres), n'altèrent point au fond l'harmonie de l'ensemble. » (LAMENNAIS, *De la société première et de ses lois*, p. 22, in-12, 1848.)

Leibnitz voyait déjà les principes de Spinoza et de l'athéisme se répandre dans les esprits. « Ceux qui sont d'un caractère ambitieux et dur sont capables de mettre le feu aux quatre coins de la terre... J'en ai connu plusieurs de cette trempe. » Il trouvait que ces funestes erreurs, en se répandant, « disposent toutes choses à la révolution générale dont l'Europe est menacée », et il ajoutait : « Si on ne se corrige pas de cette maladie épidémique, dont les effets commencent à être visibles, la Providence corrigera les hommes par la révolution même qui en doit naître. » . . . . Voilà l'action des lois divines où le mal se limite par ses propres excès.

« Le remède de l'abus (du mal) naît de l'abus ; arrivé à un certain point, le mal s'égorge lui-

cours déréglé, aux lois divines et s'y brisent. Quand les révolutions, par leurs violences, mettent la société en péril, il y a, comme on dit, réaction. Mais cette réaction, qu'est-ce autre chose que la force des lois divines, que l'action naturelle et nécessaire de la société pour neutraliser l'action révolutionnaire et rentrer dans l'ordre ?

On peut dire, en un sens, des révolutions, ce que saint Paul a dit des scandales, qu'elles sont *nécessaires*. Elles sont une conséquence logique de l'altération introduite dans les rapports sociaux ; et elles rentrent ainsi dans le plan divin ; mais elles ne sont point un état normal ; elles sont comme les orages qui éclatent et passent après avoir purifié l'atmosphère.

Non, le mal ne saurait prévaloir ; il peut momentanément troubler l'œuvre divine, mais non la détruire. Dieu circonscrit sa puissance,

---

même. » (J. DE MAISTRE, *Principe régénérateur des constitutions politiques.*)

« Il n'y a point de châtiment qui ne purifie ; il n'y a point de désordre que *l'amour éternel* ne tourne contre le principe du mal. » (J. DE MAISTRE, *Considérations sur la France.*)

et la fait servir même au maintien de l'ordre, et il n'a pour l'y ramener, qu'à laisser agir les lois générales qu'il a établies. Le monde social va, pour ainsi parler, *de soi-même*. Il marche sous les lois de Dieu qui, malgré les troubles et les obstacles, le mène par les voies qu'il connaît, et le pousse ainsi sûrement au but fixé par sa souveraine volonté.

26. — Les lois divines s'étendent a tout l'ordre social et politique

Quelle est la sphère d'action des lois divines dans la société ? Leur influence s'étend-elle à toutes les parties de l'ordre politique ? Telle est la question qui se présente.

Quand on examine les sociétés humaines, on découvre qu'il y a des principes universels, des traits communs à toutes, et par lesquels elles se ressemblent ; et aussi qu'il y a en elles des parties mobiles, variables, qui ne se retrouvent pas chez toutes et par lesquelles elles se distinguent.

---

(1) Cousin, œuvres, t. 3. *Philosophie* de Hobbes, 9ᵉ et 10ᵉ leçons.

Des écrivains ont divisé ces faits en deux ordres ; ils ont appelé le premier l'ordre social, et ils le déclarent absolu ; le second, ordre politique, et ils le disent relatif. Cela veut-il dire que les lois divines ne les gouvernent pas l'une et l'autre ? Si c'était la pensée de ces écrivains, ils commettraient une erreur. Ces deux ordres sont également soumis aux lois divines ; et si l'empire de ces lois semble plus absolu dans l'ordre social et s'il y paraît avec plus d'évidence que dans l'ordre politique, c'est que l'homme ne peut toucher au premier sans amener les plus graves perturbations et causer rapidement la chute de la société, tandis que les lésions faites à l'ordre politique, tout en produisant de profonds malaises, n'entraînent pas nécessairement la ruine de l'ordre social tout entier.

Ainsi l'action de la liberté de l'homme, si elle s'exerce à l'encontre des lois naturelles, n'est pas moins funeste dans les deux cas, bien qu'en de moindres proportions. On peut comparer la société à un édifice ; si l'on ébranle les fondements, tout s'écroule ; si on ne touche qu'à certaines parties, l'édifice subsiste encore, mais il perd de sa solidité et de sa beauté.

Posons donc en principe cette vérité qui sera développée dans tout cet ouvrage, que les lois divines s'étendent à toutes les parties de la société, et que les formes politiques sont régies par ces lois, et sont d'autant plus parfaites qu'elles en sont la plus exacte expression.

CHAPITRE II

De la Société religieuse et de ses lois

1. — L'homme vient de Dieu créateur

L'homme n'a point en lui-même la raison de son existence. Il a reçu la vie, et il la transmet selon des lois certaines, mais mystérieuses et dont la science n'a point encore pénétré le secret. En remontant aussi haut qu'on le voudra le cours des générations qui se sont succédé jusqu'ici, on arrive nécessairement au premier couple humain, qui n'ayant pu se donner l'existence à lui-même, a dû la recevoir du Créateur.

Pour briser cette chaîne naturelle qui les mènerait à Dieu, les sceptiques ont cherché l'origine de l'homme dans les combinaisons de la matière produites par l'action des forces de ce qu'ils appellent les lois de la Nature. Partant d'un point rudimentaire, de la molécule, la matière, selon eux, aurait formé tous les êtres, en passant par des transformations progressives, et en s'élevant ainsi fatalement jusqu'aux formes les plus parfaites.

Mais ils ne parviennent point à cacher le vide de leurs théories, sous l'obscurité des raisonnements et des phrases. La raison se refuse à comprendre ce que peuvent être les forces de la nature, si elles ne sont pas l'action du Créateur ; et comment l'intelligence et l'ordre qui éclatent dans l'harmonie de l'univers, ne seraient que l'effet d'une force aveugle et fatale (1).

2. — L'HOMME EST EN RAPPORT AVEC DIEU PAR SA RAISON

Si l'homme vient de Dieu, il y a entre lui et son Créateur des rapports nécessaires, et c'est l'ensemble de ces rapports qui constitue la

---

(1) « Le langage n'est pas un commerce plus naturel entre l'âme de tel homme et de tel autre, que la religion entre Dieu et l'homme. » (HARRINGTON, *Aph. Polit.* chap. IV. Aphor. 14, 15.)

Religion, laquelle, selon le sens étymologique du mot, le *relie* à son divin auteur (1).

Le caractère distinctif de l'homme est dans la raison, dans cette faculté de s'élever aux idées intellectuelles et morales, de distinguer entre le vrai et le faux, entre le bien et le mal.

Or, la raison, considérée en soi, se présente comme une lumière universelle et commune à tous les hommes, et aussi comme une loi supérieure qui s'impose et qui est indépendante de nos jugements. Notre esprit voit la vérité, mais il ne la fait pas, elle est au-dessus de lui et elle le domine. La source de la vérité, de la raison, en effet, est plus haut que nous, elle est dans la Raison essentielle, dans la Vérité éternelle, c'est-à-dire en Dieu ; c'est donc

---

(1) « La législation spirituelle de la société s'appelle religion, et selon la force du mot, la religion est ce qui *relie*, ce qui unit ; et en effet, nulle union réelle entre les êtres intelligents et libres, que par la loi religieuse, la loi de l'esprit, et l'union est proportionnée à la perfection de la loi, ou à la manière plus ou moins parfaite dont l'homme la connaît, la conçoit, l'accomplit par sa volonté. » (LAMENNAIS, *De la société première*, p. 72. In-18. Paris 1848.)

par la raison que l'homme est d'abord en rapport avec Dieu. Cicéron a exprimé cette vérité en ces magnifiques paroles : « La raison, dit-il, émanée du Principe des choses, est contemporaine de l'intelligence divine. En descendant dans l'esprit de l'homme, elle est la loi. Puisque la raison est dans Dieu et dans l'homme, il y a donc une première société de raison entre Dieu et l'homme, on peut nous appeler la lignée de Dieu. » (*De Legibus*, lib. 1, n°s 6, 7, 8, et lib. 2, n°s 4, 5 (1).

---

(1) Του (Διος) γενος εσμεν, dit le poète Aratus, *Phaenom*, vers. 5, cité par saint Paul : *ipsius enim et genus sumus*. — *Act. Apost.*, cap. 17, v. 28.

« Les anciens reconnaissaient dans l'homme, l'étincelle du feu divin. Nous le retrouvons d'abord dans la belle fable ou légende de Prométhée. Et plusieurs de leurs plus beaux génies, de leurs penseurs les plus profonds, des orateurs, des poètes, de graves moralistes ont rendu un témoignage éclatant à cette vérité, en parlant de diverses manières d'un souffle divin ou d'un feu céleste qui réside dans l'homme. » (Fréd. Schlegel, *Philos. de l'histoire*. Leçon 1re, tome Ier, p. 15. In-8°. Paris, 1836.)

3. — L'homme est en rapport avec ses semblables par la parole

En société avec Dieu par la raison, l'homme se trouve en société par la parole avec ses semblables participants aussi de la lumière universelle de la raison (1). L'homme parle parce qu'il a la raison, et il trouve dans sa raison les idées de justice, de devoir et de droit qu'il exprime dans son langage, et qui sont le fondement de toute vraie sociabilité. « La nature (Dieu) a donné la parole à l'homme, dit Aristote, pour exprimer le bien et le mal moral, le juste et l'injuste. C'est la communication de ces sentiments moraux qui constitue la famille et la cité. » (*Politique*, liv. Ier, chap. ıı (2).

---

(1) « Natura vi rationis hominem conciliat homini et ad orationis et ad vitæ societatem... Nec vero illa parva vis naturæ est rationisque quod unum hoc animal sentit quid sit ordo, quid sit quod deceat, in factis dictisque quid sit modus. » (Cicéron, *De officiis*, lib. 1, cap. iv. — *De Legibus*, lib. 1, cap. vii et seqq.)

(2) « Il n'y a pas une seule lettre de l'alphabet

Ainsi l'état social, dans sa notion primordiale, est une création morale et religieuse, parce que la raison et le sentiment religieux sont les éléments distinctifs de notre nature.

4. — L'homme est un être religieux

Les plus profonds observateurs ont constaté ce fait que l'homme est naturellement religieux. « L'homme, a dit Harrington, peut être défini un animal religieux, parce qu'il est le seul en qui se trouve le sentiment de la religion. » (*Aphorismes polit.*, chap. xi, 35, 37.)

P. Flourens, résumant ses recherches philosophiques sur l'intelligence, en formule ainsi les conclusions : « Il y a donc trois faits, l'instinct, l'intelligence et la raison. L'instinct agit sans connaître, l'intelligence agit et connaît, et la raison seule connaît et se connaît. Et c'est parce qu'elle se connaît, que la raison se voit et se juge, et que se jugeant, elle s'élève de

---

qu'un perroquet puisse prononcer; donc il n'a pas la faculté mentale, puisqu'il n'a pas de langue. » (Max Muller, *La science du langage.*)

l'intellectuel au moral. Le moral n'appartient qu'à l'homme. » (*De la vie et de l'intelligence*, 2ᵉ édition, p. 82.)

Un naturaliste éminent de notre âge, M. de Quatrefages confirme ces données de la philosophie. Il a été conduit par l'étude à ce résultat scientifique : Que l'homme n'est pas un embranchement du règne animal, mais qu'il faut établir une classification nouvelle, où l'homme doit former à lui seul un règne qui est le règne humain. Or, le caractère qui nous sépare des animaux et constitue notre règne, c'est la notion de la morale et de Dieu ; c'est la religiosité. » (*De l'unité de l'espèce humaine*, chap. II, p. 22, in-12.)

Nous touchons ici à la racine de notre nature, au caractère distinctif de l'esprit humain, nous sommes en possession de ce fait primitif : que l'homme est un être moral et religieux.

5. — Le sentiment religieux devient social

Toute idée qui tient à la nature de notre esprit, ne meurt pas ; elle suit l'homme dans les conditions diverses où il se trouve, et se développe sous les formes nécessaires à son épanouissement.

Le sentiment religieux qui est naturel à l'homme le suivra donc dans toutes les phases de son existence. La religion pourrait rester individuelle, si l'homme vivait isolé et sans relations avec ses semblables ; mais à mesure que la société humaine se forme et s'étend, en passant par la famille, par la tribu, pour s'élever jusqu'à la société politique, la religion s'accommode à ses divers états. Elle devient patriarcale dans la famille et la tribu, et publique ou église dans l'Etat. Cette transformation est aussi nécessaire et, par conséquent, aussi légitime que les évolutions de la société civile ; et comme l'a dit un éminent philosophe, « reprocher à la religion d'être devenue Eglise, c'est reprocher à la société politique d'être devenue gouvernement ». (DE BONALD, *Démonstrat. philos.* Préface, p. 80.)

6. — LA SOCIÉTÉ EST NATURELLEMENT RELIGIEUSE

L'idée de Dieu est au fond de notre raison ; mais les tendances de la nature humaine devant se reproduire dans les formes sociales, le premier caractère de la société sera donc d'être religieuse.

Aussi la religion a partout marqué profondément de son empreinte les sociétés humaines. « Jamais, a dit Jean-Jacques Rousseau, état ne fut fondé que la religion ne lui servît de base. » (*Contrat social*, liv. IV, chap. viii.) C'est là une formule des lois de l'histoire que rien encore n'est venu démentir (1).

Toutes les législations connues supposent, comme fondement, la croyance à la Divinité, la distinction du bien et du mal et l'existence d'une vie future avec des récompenses ou des châtiments, comme sanction suprême des lois divines et humaines. Partout, les trois

---

(1) « Même en dehors du culte officiel et des rites d'association, la vie privée des anciens était comme pénétrée de religion ; les mariages, les naissances, les moissons, les semailles, l'inauguration et l'exercice des magistratures, les fêtes de famille, tout était prétexte à sacrifices, à libations, fumigations d'encens, repas communs. » (Abbé Duchesne, *Les origines chrétiennes*, tome I, page 12 et suiv.) — C'est le résumé exact de l'histoire.

actes principaux de la vie : la naissance, le mariage et les funérailles, sont marqués du sceau de la religion.

7. — Réfutation des sceptiques

On a essayé d'expliquer ces faits universels par le calcul des législateurs et des prêtres qui n'auraient fait intervenir les idées religieuses dans le gouvernement des peuples que pour se les mieux assujettir (1). Mais pour prendre les hommes par le sentiment religieux, il faut

---

(1) Montesquieu l'a prétendu. V. sa dissertation sur *la Politique des Romains dans la Religion*. V. la réfutation, par Villemain, *la République* de Cicéron. Analyse du livre 6, p. 342 et suiv. à 350.
Est-il possible d'obtenir une morale sans l'idée de Dieu, et un peuple sans morale peut-il subsister et être prospère ? Voilà toute la question sociale et politique réduite à sa plus simple expression. Or, que des législateurs aient vu du premier coup d'œil l'impossibilité de fonder le devoir sans en poser la base dans l'idée de Dieu, cela fait honneur à la profondeur de leurs vues et à leur sagesse… Ils furent assez clairvoyants pour comprendre que, entre des hommes égaux, nul ne pouvait dire à son semblable avec autorité :

déjà que le sentiment existe. Si les législateurs se sont servis de la religion comme d'un levier, c'est qu'ils ont trouvé un point d'appui dans les idées déjà préexistantes et dans les tendances naturelles de l'esprit humain. « On a réussi à former des sociétés, a très bien dit Portalis, parce qu'on a trouvé les hommes naturellement sociables ; la politique s'est servie partout de la religion, parce que les hommes sont naturellement religieux. » (*De l'esprit philosoph.*, chap. xxxviii, t. II, p. 116 et 117.)

L'histoire n'est que le produit des principes qui dirigent l'activité de l'esprit humain ; elle ne saurait être que le travail de la nature humaine se réalisant dans les faits. Aussi quand les sceptiques se lamentent sur les aberrations du fanatisme et sur ce qu'ils appellent les fourberies des politiques et des sacerdoces, ils ne font que constater et reconnaître l'existence et l'universalité du sentiment religieux dans l'humanité.

Fais ou ne fais pas ? Voir *Philosophie de la Bible*, par F.-B. CLÉMENT, 1re part., chap. xiv, tome I, p. 201, 202, In-8°, Paris, 1843.

8. — La religion est le premier fondement de l'ordre social

La religion est l'élément primordial de toute société. L'ordre social, en effet, ne se comprend que comme un ensemble réciproque de droits et de devoirs qui lient les hommes entre eux. Mais qu'est-ce que le droit; qu'est-ce que le devoir, s'il n'y a pas au-dessus de l'homme une loi supérieure qui oblige sa conscience? Et où cette loi trouvera-t-elle sa force et sa sanction s'il n'y a pas dans la conscience la croyance à un Dieu vengeur du crime et rémunérateur de la vertu?

Hors de la religion, l'homme ne saurait avoir d'autre règle de ses actions que son intérêt particulier. Et s'il trouve son intérêt à violer les lois, et à bouleverser le genre humain, pour se procurer les jouissances, les richesses et le pouvoir, et qu'il se sente assez fort ou assez rusé pour cela, quel frein sera capable de le retenir?

Lui parlerez-vous de son intérêt bien entendu? Lui opposerez-vous l'intérêt général?

Lui direz-vous que la violation des lois de la morale et de la société entraînera des bouleversements dont il sera peut-être à son tour la victime ? Ce sont là des considérations philosophiques et des vérités trop abstraites, pour qu'il ne préfère pas une jouissance présente et certaine à des avantages éloignés et à des craintes hypothétiques. Pour lui, le premier but, c'est de jouir, et son intérêt particulier agira toujours plus puissamment sur lui que cette vague idée de l'intérêt général auquel on l'invite à se sacrifier.

L'irréligion est donc un crime contre la société. L'homme sans religion, s'il pousse ses principes jusqu'au bout, ne saurait être un bon citoyen. Il prépare par ses doctrines et par ses exemples la ruine de l'ordre social.

9. — L'IRRÉLIGION, CAUSE DE LA DÉCADENCE SOCIALE

C'est ce que démontre l'expérience de tous les temps. Quand le sentiment religieux s'affaiblit chez un peuple, les mœurs se corrompent, les institutions s'altèrent, et la décadence commence pour lui ; s'il s'éteint, le peuple meurt et disparaît comme nation (1). « Rome, dit Montesquieu, était un vaisseau retenu par deux ancres dans la tempête : la religion et les mœurs. Lorsque les sectes épicuriennes eurent corrompu les mœurs, et que l'esprit de libertinage eut prévalu, Rome tombe et trouve dans elle-même la cause de sa ruine. » (*Grandeur et décadence,* chap. x.)

Chez nous, l'irréligion du XVIIIe siècle amena la tempête révolutionnaire et le naufrage de la société. La Terreur fut le gouvernement des athées, si l'on peut appeler gouvernement le règne sauvage de la destruction, et le brigandage légalement organisé. Et sous nos yeux, c'est du fond de ces populations qui ont perdu toute idée religieuse et morale, que sortent, aux yeux du monde épouvanté, ces bandes d'incendiaires et d'assassins qui menacent la civilisation de l'Europe.

---

(1) « Si la religion se perd parmi les peuples, il ne leur reste plus de moyen de vivre en société. Ils perdent en même temps le lien, le fondement, le rempart de l'ordre social, la forme même de peuple. » (Vico, cité par Michelet, *Philos. de l'histoire.* Liv. V, chap. iv.)

10. — Un contrat primitif ne peut être la base de l'ordre social

Hors du principe religieux, il est donc impossible de trouver un fondement pour y asseoir la société, et un lien pour l'empêcher de se dissoudre. On l'a essayé cependant, et on a voulu fonder l'ordre social sur un prétendu pacte primitif qui aurait créé tous les droits et tous les devoirs.

Mais quelle sera la garantie de ce pacte lui-même ? Quelle en sera la sanction ? Si vous ne les placez pas en Dieu, il faut les chercher dans les hommes. Or, chaque homme étant souverain, qui peut obliger les contractants à rester fidèles à ce contrat ?

La communauté ? Mais en vertu de quel droit le plus grand nombre prétendrait-il imposer ses lois à un seul individu ?

La force, direz-vous peut-être ? Mais la force ne fait pas le droit ; et avec ce principe, la volonté de l'individu qui est supposé libre et souverain devient la proie du despotisme.

L'intérêt personnel de chaque contractant

qui serait garanti par le pacte social ? Mais si les individus en jugent autrement, et veulent rentrer dans leur liberté première, qui pourrait les retenir. C'est donc remettre aux caprices des passions et de la volonté de chaque particulier l'existence même du pacte social, et cela à chaque instant, à chaque génération, puisqu'il est impossible, d'après les données mêmes du contrat social, d'admettre que la volonté des pères puisse engager la volonté de leurs descendants.

Il reste donc toujours à trouver un principe supérieur aux volontés humaines qui puisse les dominer, et fournir une base fixe au pacte social ; et ce principe ne saurait être que la loi naturelle et divine, expression de la volonté de Celui qui a créé l'homme sociable, et qui a voulu qu'il vécût dans l'état de société. Le contrat social, même si on veut retenir ce mot, ne saurait être un pacte purement humain ; il faut aussi qu'il soit un pacte entre Dieu et les hommes. Il faut que l'homme se sente en communication avec le monde divin, selon ce beau mot de Cicéron : « *Universus hic mundus, una civitas communis deorum atque hominum instituenda.* » (*De Legibus*, lib. I, chap. VII.)

11. — Il n'y a pas de morale sans religion. — Morale déiste

La morale naît de la religion, et plus la religion est vraie, plus la morale qu'elle supporte sera pure et forte. La morale chrétienne est supérieure à celles qui découlent des autres systèmes religieux ou philosophiques.

La philosophie du XVIII° siècle, dans son ensemble, fut une insurrection irréligieuse et une rupture avec le christianisme ; mais on y distingue deux principaux courants, l'un déiste et l'autre athée.

Le déisme, au siècle dernier, est représenté par Voltaire et par Rousseau. Voltaire démolissait le dogme chrétien, il prêchait la morale naturelle :

Soyez juste, il suffit, le reste est des humains.

Toute sa philosophie tient dans ce vers.

Rousseau, avec plus de chaleur, soutenait la même doctrine. Dieu avait tout dit à sa raison, et il trouvait toute la morale dans sa conscience.

Quand cette philosophie arriva au gouvernement avec l'Assemblée Constituante, elle se formula dans les lois. Talleyrand disait à la tribune en 1791 : « On a gémi longtemps de voir les hommes de toutes les nations, de toutes les religions, faire dépendre uniquement la morale de cette multitude d'opinions qui les divisent. Il en est résulté de grands maux ; car en la livrant à l'incertitude, souvent à l'absurdité, on l'a nécessairement compromise, on l'a souvent rendue versatile et chancelante. Il est temps de l'asseoir sur ses propres bases. La Nature a doué l'homme de la raison et de la compassion; par la première, il est éclairé sur ce qui est juste; par la seconde, il est attiré vers ce qui est bon. » (*Rapport sur l'instruction publique*, 11 sept. 1791.)

Ainsi Talleyrand repoussait de l'instruction toute influence dogmatique et religieuse. Il fallait replacer la morale sur ses propres bases, qui n'étaient autres que la *raison* et la *compassion*.

12. — Réfutation de la théorie déiste

Cette théorie dirigée contre toute religion positive et révélée, laissait encore subsister l'idée de Dieu et de l'immortalité de l'âme, qui se trouvent dans les données de la raison naturelle. Il était donc encore possible de trouver dans ces dogmes une base solide à la morale, au point de vue rationnel. Toutefois, il est évident qu'elle mutilait la morale, au point de vue pratique, et paralysait son influence sur l'esprit de la plus grande partie des hommes. Une morale scientifique ne convient point au peuple; il faut qu'elle lui arrive incorporée, pour ainsi dire, dans les croyances religieuses et par elles.

C'est ce qui n'a pas échappé au bon sens pénétrant d'un homme d'État célèbre : « Que serait la morale, dit-il, si elle demeurait reléguée dans la haute région de la science, et si les institutions religieuses ne la faisaient pas descendre, pour la rendre sensible au peuple ? La morale sans préceptes positifs laisserait la raison sans règle; la morale sans dogmes religieux ne serait qu'une justice sans tribunaux. Par la religion, les maximes et les vertus les plus nécessaires à la conservation de l'ordre social, sont placées sous la sauvegarde des sentiments religieux; elles acquièrent ainsi un caractère d'énergie, de fixité et de certitude qu'elles ne pourraient tenir de la science des hommes. » (Portalis, *Rapport sur le Concordat*.)

Mais il y a plus encore ; une morale purement philosophique serait vacillante et impuissante à dominer tous les esprits. Le déisme n'a pu jusque-là formuler un symbole dogmatique fixe et complet. L'histoire de la philosophie atteste les variations des systèmes. Une morale rationaliste varierait donc selon les théories des différentes écoles, et oscillerait, selon les temps, de Platon jusqu'à Epicure.

13. — Théorie de la morale matérialiste et athée. — Réfutation.

Le courant matérialiste et athée, au XVIIIe siècle, est dirigé par Diderot, Helvétius, d'Holbach et La Métrie. Dans cette école, on parle beaucoup de morale ; mais c'est la morale épicurienne, la satisfaction déréglée des instincts sensuels. Cette morale de l'athéisme fut formulée à la tribune révolutionnaire en 1792, c'est celle que Condorcet veut inscrire à la base de son plan d'instruction publique. « On ne peut soutenir, dit-il, qu'il soit utile d'enseigner la mythologie d'une religion, sans dire qu'il peut être utile de tromper les hommes... Cette proscription doit s'étendre même sur ce qu'on appelle religion naturelle, car les philosophes théistes ne sont pas plus d'accord que les théologiens sur l'idée de Dieu et sur ses rapports moraux avec les hommes. » (*Rapport sur l'instruction publique*. Séance du 20 avril 1792.)

Mais si vous ôtez l'idée de Dieu, d'où ferez-vous sortir l'obligation morale ? La raison pourra voir spéculativement les rapports entre les faits et la nature de l'homme, et la conscience, saisir encore la convenance ou la disconvenance des choses ; mais ces vues de la raison et de la conscience, ces jugements de l'esprit seront stériles, si je ne reconnais pas au-dessus de moi un législateur, un juge, un Dieu, en un mot, qui commande et juge mes actions et mes pensées, qui fortifie les données de ma raison et en rectifie les défaillances.

Otez Dieu de l'esprit de l'homme, et il n'aura plus pour mobile de ses actions que son intérêt personnel et présent ; il n'aura d'autre but que la satisfaction de ses désirs et de ses instincts. De quel droit lui demandera-t-on de sacrifier son utilité propre à celle de son prochain, et de renoncer à ce qu'il jugera devoir faire son bonheur pour procurer le bien des autres (1) ? « Quand Dieu n'est plus entre deux hommes, a dit excellemment un philosophe chrétien, de quelque manière qu'on s'y prenne, l'un des deux devient pour l'autre une proie, réalisant le mot terrible des anciens : *Homo homini lupus*. (PLAUTE, *Asinar*, acte XI, sc. IV, v. 88. — BLANC SAINT-BONNET, *De la Légitimité*, pag. 26, in-8°.)

14. — LA MORALE INDÉPENDANTE. — EXPOSITION DE CETTE THÉORIE ET RÉFUTATION

Il y a dans ce mot de morale indépendante une équivoque qu'il faut d'abord dissiper ; si l'on veut dire par là que la science morale est appuyée sur des principes certains, sur des axiomes absolus, et que de ces principes il est possible de tirer, par des déductions logiques, un ensemble de propositions marquées d'un

---

(1) Il faut tenir compte de la chute originelle : « Quid enim vetus, quid carnalis homo noverat, nisi sua retinere, aliena rapere, si posset, concupiscere, si non posset ? » (Le Pape SAINT GRÉGOIRE LE GRAND, *In Evang. Homilia* 32.)

caractère scientifique, et qu'ainsi la morale est indépendante des fausses conclusions de chaque individu et des variations des opinions humaines, l'expression serait juste et légitime.

Que si on prétendait par là que la morale peut subsister par elle-même et indépendamment de l'idée de Dieu, en sorte qu'il serait possible de faire de l'athéisme une morale régulière et revêtue d'un caractère obligatoire, une telle prétention serait erronée et inadmissible.

Les stoïciens dont le système reposait sur la fatalité, ont les premiers soutenu la théorie de la morale indépendante, thèse qui a été reprise de nos jours par l'école positiviste athée, et même par la philosophie spiritualiste qui s'appelle elle-même la philosophie séparée, c'est-à-dire non chrétienne. En dehors d'un Dieu vivant et personnel, les stoïciens prétendaient donc que les prescriptions de la loi morale, trouvaient une force obligatoire et une base dans leur beauté intrinsèque, dans leur conformité avec la nature de l'homme, et dans l'harmonie qui existe entre la vertu et le bonheur. Sans doute, la loi morale, si on l'entend bien, se présente avec ces caractères, mais cela ne suffit pas pour lui donner la fixité nécessaire ni pour en faire une obligation morale. C'est ce que je vais essayer de prouver.

L'esprit, nous dit-on, peut saisir la beauté des lois morales. Sans doute, mais il faut bien aussi reconnaître que tous les hommes n'ont pas au même degré le sentiment de la beauté morale ; il en est même beaucoup chez qui ce sentiment est complètement oblitéré par l'ignorance et le manque de réflexion ou même éteint par des habitudes dépravées.

La loi morale, ajoute-t-on, est en conformité avec la nature humaine, soit ; mais quelle est la nature de l'homme ? Suivre la nature, « c'est vivre selon la raison », dit Zénon ; « c'est obéir à la voix des sens et aux tendances vers le plaisir », répond Epicure. Qui tranchera le litige ?

Ensuite, est-il bien vrai qu'il y ait une corrélation constante entre la vertu et le bonheur ? Oui, si l'idée d'une récompense au-delà du temps reste dans la conscience. Sinon, non ; car il est trop évident que l'homme vertueux est souvent dans l'infortune en cette vie, tandis que le méchant prospère. Il faut donc chercher ailleurs et plus haut une sanction pour la loi morale.

Enfin, poursuit-on, la conscience porte en elle-même la loi morale ; elle la trouve écrite en son fond, elle la sent et la proclame naturellement, soit encore ; la conscience lit la loi, mais elle ne la fait pas, encore moins peut-elle lui donner une sanction.

La conscience est une faculté de mon âme, c'est le moi intérieur distinguant le bien et le mal dans la lumière de la raison. Elle n'a donc d'autorité sur moi que celle que je lui donne, elle ne saurait s'obliger elle-même, ni se donner une loi inviolable.

La loi est dans la conscience, mais elle est aussi au-dessus d'elle. Si la loi dérivait de la conscience, la loi perdrait ses caractères d'impersonnalité, de rectitude immuable et absolue, d'éternité et de fixité sous lesquels elle se présente à notre esprit. Disons donc que la loi est en Dieu ; qu'elle ne peut venir que de Dieu, et que c'est sa volonté qui nous l'impose. La loi est divine ou elle n'est rien.

15. — LA BASE DU DROIT EST EN DIEU

Ainsi la société ne peut exister sans morale, et il n'y a pas de morale sans les idées religieuses qui lui servent à la fois de fondement et de sanction. L'idée même du droit s'évanouit, si l'on ne reconnaît pas qu'il dérive de la notion d'un Dieu législateur. Quand Puffendorf avança que « la fin de la science du Droit naturel est renfermée dans les bornes de cette vie terrestre », Leibnitz l'accusa « d'avoir tronqué la science du Droit ; car c'est surtout, dit-il, dans l'attente de la justice divine qu'on trouve la nécessité (l'obligation) pleine et entière et qui ait de la force par rapport à tous les hommes, d'observer les règles de la justice et de l'équité ». — *Monita ad principia*, PUFF. DE BONALD, *Législat. Primit.* Tome Ier, p. 151-154.

16. — LA RÉVÉLATION BASE DE LA MORALE SOCIALE

L'existence de Dieu, l'immortalité de l'âme et les récompenses ou les peines futures sont les trois idées nécessaires pour toutes les sociétés ; il n'en a jamais existé sans ces notions fondamentales. C'est là le *minimum* auquel puisse être réduite la société. Avec ces éléments l'ordre social peut encore subsister, mais il végète péniblement. La société au contraire s'élèvera vers la perfection à mesure qu'elle sera en possession de plus de vérités. Le Décalogue, où se trouvent, dit Bossuet, « les premiers principes du culte de Dieu et de la société humaine » (*Disc. sur l'hist. univ.*, 4ᵉ époque, 1ʳᵉ part.), est la base nécessaire de toute législation, et l'Evangile qui le complète est le couronnement de l'édifice religieux et politique, et comme l'idéal de la civilisation.

17. — Nécessité du culte public

La société étant à la fois une création politique et religieuse, elle a donc, en tant que corps politique, des rapports nécessaires avec Dieu ; et de là, la nécessité d'un culte public. De même qu'il y a un culte pour l'individu et un culte pour la famille, il faut aussi pour l'Etat une religion publique.

Mais il n'y a pas de culte public sans sacerdoce, ni d'autels sans prêtres. Dans la société patriarcale, le père de famille, le chef de la tribu est le prêtre. Dans les sociétés politiques de l'antiquité, le chef de l'Etat est en même temps grand Pontife. Mais il y avait pourtant un ordre de sacrifices réservés aux seuls prêtres. (Aristote, *Politique*, liv. III, ch. x.) Platon dit que l'oracle seul a le droit de nommer les pontifes. (*Des lois*, liv. IV.) Il y avait donc un sacerdoce public et sacré. L'institution d'un sacerdoce est une institution des peuples civilisés. « Les peuples barbares, dit Montesquieu, n'ont pas de prêtres. » (*Esprit des lois*, liv. XXV, ch. iv.)

18. — Union nécessaire des sociétés politique et religieuse

Les sociétés politique et religieuse sont donc nécessairement unies. Prétendre les séparer, c'est vouloir scinder l'homme et détruire l'œuvre de Dieu. L'antiquité n'a point connu ces théories modernes qui établissent une scission entre les deux sociétés, ou pour parler plus justement, dans la même société. Elles sont nées du protestantisme et de la philosophie incrédule. On ne saurait y voir qu'une tentative hypocrite d'athéisme social.

Ce qui prouve que les deux sociétés politique et religieuse sont naturellement unies, c'est que les révolutions de l'une ont leurs contre-coups inévitables dans l'autre. Quand les croyances faiblissent, le pouvoir chancelle, et les rapports sociaux s'altèrent ; et quand l'Etat se sécularise, la religion perd de sa force sur les âmes ; le malaise, dans les deux cas, se montre dans la société. Ce sont deux forces qui, opposées, se paralysent, et dont l'union double la puissance pour le bien des hommes.

19. — Les deux puissances unies mais distinctes

Les deux pouvoirs sont unis par des liens naturels, mais ils ne doivent pas se confondre. Ils vivent chacun de leur vie propre, ils doivent se développer chacun dans sa sphère.

La religion est une loi supérieure qui vient de Dieu. Ce qu'on appelle la religion naturelle a son origine dans une révélation primordiale. La raison en reconnaît la vérité, mais elle ne l'a point faite. Dieu n'a jamais laissé l'homme sans une loi positive pour le culte et les mœurs. Le Décalogue, cette loi universelle, est descendu du Ciel.

Ce qui est vrai de la religion naturelle, est plus vrai encore du christianisme, qui a reçu du Christ son organisation immuable et indépendante. L'Eglise chrétienne a été constituée par son divin fondateur avec toutes les formes et les organes d'une société complète. Elle a son pouvoir, sa hiérarchie, sa législation, son sacerdoce ; elle a le droit de se mouvoir en pleine liberté dans l'ordre des choses spirituelles. Mais son action a sa sphère nettement délimitée, et sa puissance finit où commence la puissance de l'Etat, qui a aussi le droit de se mouvoir librement dans la sphère des choses temporelles.

Le christianisme a fait la lumière sur ce point ; c'est lui qui a posé, en plein soleil, le principe de la distinction des deux puissances. C'est son divin fondateur qui a dit : « Rendez à César ce qui est à César, et à Dieu ce qui est à Dieu. » (Matth. xxii, 21 ; Marc, xii, 17.) Et par cette parole, il a proclamé le principe fondamental de la distinction et des rapports des deux pouvoirs, et posé en même temps la garantie de la liberté de la conscience humaine. Avec ce principe, il n'y a plus de place ni pour la théocratie qui absorberait l'Etat, ni pour le césarisme qui détruirait la liberté des âmes.

Mais la distinction n'est pas la séparation, les deux puissances doivent agir parallèlement et unir leur action, sans la confondre, pour le bien de l'humanité. La vraie religion est en affinité naturelle avec la vraie constitution de la société. Le catholicisme, qui est la forme intégrale du christianisme, se concilie avec toutes les formes politiques et suit l'homme dans toutes les phases de son développement social.

Quand l'humanité, si elle y parvient, aura réalisé les formes les plus parfaites de la sociabilité, alors elle s'unira pleinement avec le catholicisme, et l'idéal des sociétés humaines sera réalisé par l'application des lois divines à l'ordre social.

CHAPITRE III

De la Famille et de ses lois.

1. — Les origines historiques de la famille

Pour connaître les lois de la famille, il faut en étudier les origines, les formes et, pour ainsi dire, la structure. Les origines et les titres du genre humain se trouvent dans la Bible.

Lisez les deux premières pages de la Genèse. Adam est créé le premier, et tous les hommes sont renfermés en un seul. Mais, « il n'est pas pas bon que l'homme soit seul » (*Gen.* II, 18) et Dieu tire Ève du corps d'Adam. « C'est un aide et une compagne semblable à lui ; et l'homme quittera son père et sa mère pour s'attacher à son épouse. » (*Gen.* 11, 18, 24), et pour former une nouvelle famille. « Et Dieu les bénit et leur dit : « Croissez et multipliez ; remplissez la

« terre, et la soumettez à votre domination. »
(*Gen.* 1, 28 (1).

Tout est là : L'unité du genre humain sorti d'une source unique et ne devant former, pour ainsi dire, qu'une même famille ; l'autorité du père sur sa femme et sur ses enfants, le rôle sacré mais secondaire de la mère et de l'épouse, la sainteté et l'indissolubilité du mariage, la domination de l'homme sur la terre et l'établissement de la propriété. Ainsi se dessinent et se fixent, aux premiers jours du monde, les lois fondamentales de la famille, et les éléments primitifs de l'ordre social.

2. — LE MARIAGE ET SES LOIS

Le mariage a pour but la production de l'homme complet : de l'homme physique par

---

(1) « L'homme et la femme forment une seule personne ; l'homme complet se compose de lui, de sa femme et de son fils. » (*Lois de Maniou*, IX, 45. Cité par CANTU, *Hist. univ.* t. I, p. 293.) Voilà la constitution de la famille, comme dans la Bible. La polygamie n'est venue que par corruption. Une classe, celle des soutrias, n'ont encore qu'une femme. (V. CANTU, *id.*, p. 293.)

la naissance et la nutrition, de l'homme moral par l'éducation. Là se montrent les trois termes qui entrent dans la notion de la famille : le Père, la Mère et l'Enfant.

L'homme est en rapport avec l'être semblable à lui, avec son épouse. Le rapport d'*une* âme à *une* âme, d'*un* corps à *un* corps est la loi fondamentale, à la fois naturelle et divine, du mariage : « Ils seront deux dans une même chair » est-il dit, dès l'origine. (*Gen.*, 2, 24.) De là, *l'unité* indissoluble de cette première société. Les passions sensuelles, la force brutale violeront, dans le cours des siècles, cette loi naturelle, par la polygamie et le divorce ; mais le divin législateur condamnera ces déviations : « Il n'en fut pas ainsi dès le commencement ; *ab initio non fuit sic* » (*Evang.* Matth, chap. xix, 8), et le mariage chrétien ramènera l'union conjugale à ses lois primitives (1).

---

(1) « On ne doit pas être surpris que le mariage, à l'origine des sociétés antiques, étant un lien puissant d'un même culte et des mêmes croyances, cette union n'ait été crue longtemps possible et permise que pour une seule femme dans une maison. Une telle religion ne pouvait pas admettre la

3. — LES TROIS TERMES DE LA FAMILLE, LEURS RAPPORTS

Le Père, la Mère et l'Enfant constituent la famille complète. Ces trois êtres ont des droits et des devoirs qui les coordonnent et les lient ; ce sont donc des lois auxquelles ils ne peuvent se soustraire, et qui ne peuvent être interverties ou violées, sans amener la souffrance d'abord, et ensuite la dissolution et la ruine de la famille.

Ces trois êtres appartiennent également à l'humanité ; ils sont donc *semblables,* mais ils ne sont pas *égaux* ; ils sont subordonnés les uns aux autres par leurs rapports et par leurs fonctions. L'égalité entre eux rendrait la famille impossible ; c'est de leur inégalité que naissent l'ordre et l'harmonie de leur société. Ainsi se montre à nous cette loi naturelle et divine de l'inégalité dans la famille sur laquelle elle

---

polygamie. On conçoit même qu'une telle union fût indissoluble et que le divorce fût presque impossible, du moins à l'origine. » (FUSTEL DE COULANGES. *La cité antique.*, p. 48.)

est appuyée, et contre laquelle s'insurgent vainement tous les systèmes qui posent en principe une égalité mensongère entre les membres de la famille et concluent à ce qu'ils appellent l'émancipation de la femme et des enfants.

4. — L'UNITÉ, PREMIÈRE LOI DE LA FAMILLE

La première loi de la famille, c'est *l'unité*. Il n'y a qu'un père et qu'une mère, et ces *deux* ne sont qu'*un*. Nulle société ne peut subsister sans un pouvoir qui la dirige dans l'ordre ; la famille a le sien désigné par la nature. Le père est le premier *auteur* de la famille, c'est en lui que résidera *l'autorité*, le pouvoir dans sa plénitude (1). Le père a le pouvoir suprême, il est

---

(1) Sur le pouvoir du père dans la famille et la subordination de ses membres, v. J.-J. ROUSSEAU, *De l'Economie politique*, qui en a très bien établi les fondements, et où il dit, entre autres raisons : « L'autorité ne doit pas être égale entre le père et la mère, mais il faut que le gouvernement soit *un*, et que, dans le partage d'avis, il y ait une voix prépondérante qui décide. » (*Œuvres complètes*, t. I, p. 221, édit. Lefèvre, in-8° 1839.)

souverain, il a le droit de commander à l'épouse et aux enfants qui ont le devoir d'obéir. Et ce pouvoir dans la famille est *un*, car bien qu'il semble partagé par la mère par rapport à l'enfant, celle-ci pourtant ne fait que le recevoir pour l'exercer en le tempérant. Au fond, la mère comme épouse est dépendante, son pouvoir est subordonné à celui de l'époux et du père, et ainsi la constitution de la famille est manifestement fondée sur l'unité.

5. — La permanence, seconde loi de la famille

La seconde loi de la famille est sa permanence. Cette permanence est d'abord formée par l'amour, par l'union de deux âmes, car l'amour n'est pas seulement une jouissance sensuelle et fugitive, mais c'est un sentiment moral qui emporte, dans sa notion la plus pure, quelque chose de fort et de durable.

En outre, la famille a pour but non seulement la naissance de l'enfant, mais encore sa conservation physique et son développement moral, qui exigent de longues années. Si donc le mariage se divise par la polygamie et se rompt par le divorce, la situation de l'épouse s'altère et se dénature, et le sort des enfants est aussi compromis par cette instabilité.

La famille, par sa nature, est donc permanente. Le pouvoir du père y devra être perpétuel à l'égard de l'épouse retenue sous sa tutelle par des liens que la mort seule peut briser, et perpétuel à l'égard de l'enfant, qui peut devenir majeur dans la société civile, mais reste toujours mineur au sein de la société domestique.

6. — L'hérédité, troisième loi de la famille

Il est si bien dans la nature de la famille de ne pas se dissoudre, qu'elle tend à se survivre à elle-même par *l'hérédité* qui est sa troisième loi (1). Le chef de famille porte un nom qui

---

(1) Le pouvoir du père n'est pas héréditaire, et les chefs des nouvelles familles ont le pouvoir sur leurs enfants. Cependant, à l'origine, le premier auteur conserve encore l'autorité sur ses petits enfants qui restent groupés autour de lui. C'est ce qui se voit dans la société patriarcale, et dans la tribu ou la *gens* chez les Grecs et les Romains, et chez les Arabes et les Tartares encore aujourd'hui. C'est la forme sociale primitive de

ne meurt pas avec lui, et passe aux générations les plus éloignées. Le père s'approprie par le travail la terre qu'il défriche et féconde, les fruits de son industrie, l'épargne qu'il accumule par l'économie, et il transmet ce capital à ses enfants par ses volontés testamentaires. La propriété, fondement de la société civile et politique, source et condition nécessaire du progrès social, naît ainsi dans la famille et devient durable comme elle.

7. — ANALOGIE ENTRE LA FAMILLE ET LA SOCIÉTÉ POLITIQUE

Ainsi les lois de l'unité, de la permanence et de l'hérédité se montrent dans la constitution de la famille comme les conditions nécessaires de son existence et de sa perfection ; et nous retrouverons ces mêmes lois dans la constitution du pouvoir public, dans l'Etat.

---

toutes les nations antiques. Cette loi naturelle se retrouve encore chez les peuples où l'aîné de la famille succède aux droits et aux devoirs du père dans la direction et la protection des membres de la famille. (V. LE PLAY, *Sur la famille-souche.* — *La Réforme sociale*, t. II, chap. XXIV et XXX.)

Il y a, en effet, des analogies naturelles entre la famille et la société politique (1). Le langage en conserve partout le souvenir, comme des restes de la sagesse primitive. On retrouve encore partout comme autrefois des conseils des *anciens*, un *Sénat* (seniores) exerçant ou partageant la souveraineté. A Rome, les sénateurs s'appellent les *Pères*, les *Patriciens*; chez les Hébreux on trouve des *Patriarches*; chez nous encore comme ailleurs, les *Patrons*. De là, le mot de *Patrie* qui a pour sens primitif la terre, l'association des Pères. De là encore le mot de *Nation* (Nati), ceux qui sont nés dans la famille et la prolongent sous une autre forme.

8. — Attaques contre la famille

La famille est l'élément primordial de la

---

(1) Il y a des analogies entre la constitution de la famille et celle de la société politique, mais il n'y a pas parité. C'est ce qu'on a méconnu parfois ; c'est l'erreur de Filmer dans son livre *Patriarcha* (XVIIe siècle), et de l'abbé Thorel, *Origine des sociétés*, 4 vol. 1832. — Les différences entre les deux états de société sont exposées par J.-J. Rousseau, *De l'Economie politique*, p. 222, 223. *Œuvres*, t. I, édit. Lefèvre, 1839.

société. Aussi est-ce contre elle que les sectes antisociales ont dirigé de tout temps leurs coups. De nos jours, toutes les écoles révolutionnaires et socialistes, saint-simoniens, fouriéristes, icariens, internationalistes, radicaux même, se sont ligués pour la détruire. Sans parler des théories qui la nient ouvertement, on a cherché à l'ébranler par la polygamie et une honteuse promiscuité qui la corrompent, par le divorce qui l'affaiblit, par une prétendue émancipation de la femme qui l'altère, par la négation du droit de propriété qui la mutile, et de la liberté du père de famille dans l'éducation de ses enfants qui la tyrannise. Toutes les passions, toutes les erreurs, tous les rêves, poussent ainsi leurs flots et les amoncellent frémissants contre le roc sur lequel repose la société.

L'orgueil philosophique s'est emporté dans toutes ces questions jusqu'aux plus déplorables excès. Dans la science sociale, trouvant sur son chemin les lois constitutives de la société et les traditions universelles, il n'en a pas tenu compte; il s'est persuadé qu'il avait le pouvoir de détruire le monde social et de le reconstruire sur un plan nouveau.

Platon, le premier, donnant l'essor à ses rêves, entreprend de bâtir la cité sur la base d'une égalité radicale ; et ce faux principe le conduit fatalement à supprimer la propriété particulière, le mariage et à proclamer une immonde promiscuité. Pour réaliser l'égalité imaginaire qu'il poursuit, il faut détruire toute hiérarchie sociale, même celle de la famille. Il faut donc que les femmes soient communes ; que le père ni la mère ne connaissent plus leurs enfants, qui appartiendront à l'Etat ; que les biens soient indivis, et que le despotisme de l'Etat s'établisse universellement sur la ruine de toutes les libertés, et par la destruction des sentiments même les plus doux et les plus invincibles de notre nature.

Ces idées du philosophe d'Athènes se retrouvent, six siècles plus tard, chez ses disciples à Alexandrie. Plotin demande à l'empereur Gallien de lui céder une ville ruinée de la Campanie pour y réaliser la cité communiste de son maître ; comme le fouriériste Considérant demanda en 1848 à l'Assemblée nationale française qu'on lui accordât un terrain pour y essayer l'établissement d'un phalanstère. Il est à regretter qu'on n'ait pas mis ces théoriciens en mesure d'en venir à un essai pratique, la démonstration de l'inanité de leurs systèmes eût été ainsi plus complète.

Les idées du platonisme, en se mêlant aux influences sensuelles de l'Orient, donnèrent naissance aux doctrines et aux mœurs immondes qui caractérisent, en général, les sectes gnostiques. La communauté des biens et des femmes fut enseignée et pratiquée par les disciples de Carpocrate et de Manès.

Au XVIe siècle, les idées communistes reparaissent à la suite de l'ébranlement causé par les doctrines de Luther. Les anabaptistes prêchent le radicalisme égalitaire. La propriété est supprimée, et la communauté des femmes est établie à Munster. Ce n'est que dans des flots de sang que ces folies disparaissent.

Les doctrines athées et matérialistes au XVIIIe siècle produisent les mêmes aberrations. Diderot en marque les premiers linéaments, et Morelly et Brissot en écrivent le code.

De nos jours, Owen, Saint-Simon, Fourier et Cabet reprennent les mêmes théories, et s'efforcent de donner à ces folies une forme scientifique. On sait ce qu'était la *femme libre* d'Enfantin, et les mœurs du phalanstère. Ces mêmes doctrines se prolongent sous nos yeux dans les programmes des collectivistes et dans les congrès de l'internationale.

9. — Les attaques contre la famille. — Réfutation

Ces folles et perverses doctrines n'ont jamais pu réunir un grand nombre d'adeptes, ni prévaloir contre le bon sens général. Les rares essais d'application qui en ont été tentés ont misérablement échoué devant le mépris et le dégoût publics. Les lois de la nature ont été les plus fortes ; et la constitution de la famille est restée debout par sa seule force. *Mole suâ stat.* (Virg., *Æneid*, lib. X, v. 771.)

Et il en sera toujours ainsi. La famille, en effet, n'est pas une création de l'homme. Elle est constituée par les rapports naturels qui existent entre les personnes qui la composent, et qui sont des lois nécessaires et divines, contre lesquelles viendront se briser toutes les théories arbitraires écloses du cerveau des novateurs.

C'est une observation générale que tous les systèmes d'organisation politique qui partent du principe d'égalité radicale entre les hommes, arrivent par voie de conséquence à conclure à la destruction de la famille. L'égalité absolue, en effet, ne peut se concevoir et ne pourrait se réaliser qu'à la condition de contenir toutes les forces naturelles, toutes les énergies particulières qui naissent des inégalités natives et qui produisent les inégalités sociales. Or, c'est dans la famille que ces inégalités naissent, et c'est par elle qu'elles se développent avec une puissance irrésistible. C'est donc une nécessité de détruire d'abord ce foyer de résistance, et d'absorber toutes les libertés de la famille dans la vaste servitude de la communauté. Aussi toutes les théories radicales et égalitaires commencent par proclamer la souveraineté absolue de l'Etat, seul possesseur et maître de tous les droits, de toutes les libertés qu'il distribue aux individus selon son bon plaisir. C'est à cet abîme que la logique les conduit par une pente invincible; elles n'y échappent quelquefois que pour n'avoir pas le courage de suivre jusqu'au bout les déductions de leurs principes.

Mais cette exagération des droits de l'Etat ne saurait se soutenir devant la considération des faits sociaux. La famille existe la première et par elle-même : elle ne dépend pas, dans sa constitution, du pouvoir politique. En se superposant à la famille, l'Etat ne saurait avoir le droit de la détruire ; elle existait avant lui, elle a le droit de rester indépendante avec son organisation propre, que l'Etat a le devoir de reconnaître et de protéger. Encore une fois, les lois fondamentales de la famille sont antérieures et supérieures au gouvernement politique, parce qu'elles naissent de la nature même des choses, et des rapports nécessaires des trois termes de la famille. Si l'Etat peut quelque chose sur elle, c'est pour faciliter et non pas pour contrarier l'action de ces lois naturelles.

10. — La polygamie et le divorce attaquent la famille

D'autres doctrines, la polygamie et le divorce, pour être moins brutales, n'en tendent pas moins, par des voies détournées, à amener la dissolution de la famille, et supposé leur application générale, arriveraient au même résultat que les théories plus radicales. Une sage et forte législation doit donc les bannir, car la famille étant le premier fondement de l'ordre social, le premier devoir d'un législateur est d'écarter tout ce qui peut l'affaiblir et en altérer la pureté.

Le mariage est une loi sociale et divine destinée à réprimer l'inconstance des passions et des désirs qui empêcheraient la conservation de l'homme. La sagesse primitive avait consacré le mariage comme l'instrument nécessaire de la civilisation des hommes :

>   Fuit hæc sapientia quondam
> Concubitu prohibere vago, dare jura maritis,
> Oppida moliri. (Horat. *Ars poet.* v. 396.)

Le mariage est avant tout une institution sociale ; c'est ce qu'il faut considérer et bien retenir dans cette question. Les adversaires de la polygamie et du divorce se placent, pour les proscrire, au point de vue des intérêts généraux de la société ; ceux qui les préconisent ne considèrent que des intérêts passagers et les caprices des passions humaines ; les premiers regardent l'homme social, les seconds, l'individu. Le législateur qui embrasse du regard l'ensemble des choses, ne doit pas plus suspendre ou contrarier une loi générale de la société, que la nature ne dérange ses lois universelles pour prévenir les inconvénients ou les dommages particuliers qui peuvent quelquefois en résulter.

11. — Funestes effets de la polygamie

Montesquieu, en quelques lignes, a dit de la polygamie ce qu'il est possible d'en dire : « A regarder la polygamie en général, indépendamment des circonstances qui peuvent la faire un peu tolérer, elle n'est point utile au genre humain, ni à aucun des deux sexes, soit à celui qui abuse, soit à celui dont on abuse. Elle n'est pas non plus utile aux enfants. » (*Esprit des lois*, liv. XVI, chap. VI.)

Le nombre des garçons étant égal à celui des filles (21 pour 20), la loi physique des naissances se trouve en harmonie avec la loi divine qui a établi l'unité dans le mariage. Il suit de là que la polygamie est nuisible à la population, en condamnant une partie des hommes à n'avoir point de famille.

Elle est nuisible à la famille dont la paix et l'union sont divisées par la jalousie des épouses et par la rivalité des mères. Elle est nuisible à la femme qui tombe sous l'esclavage de l'homme, devient le jouet de ses caprices, et perd ainsi sa dignité en même temps que sa liberté. Elle nuit aux enfants qu'elle arrache à l'amour du père partagé entre un trop grand nombre d'enfants, et qu'elle livre aux intrigues et à la jalousie des mères. Elle n'atteint pas même le but de réprimer la licence des désirs, et ne prévient pas même l'adultère. Enfin, elle rend nécessaire la clôture des femmes, et cette clôture conduit à la mutilation de l'autre sexe. Tant il est vrai que la violation des lois naturelles et divines entraîne fatalement les conséquences les plus antisociales et les plus funestes contre-coups !

12. — FUNESTES EFFETS DU DIVORCE.

La polygamie et le divorce sont au fond la même chose, quant aux résultats sociaux, puisqu'ils dissolvent également le lien du mariage ; mais on pourrait dire que le divorce a des effets plus pernicieux encore que la polygamie. Celle-ci laisse les enfants au foyer de la famille, celui-là les sépare nécessairement du père et de la mère ; la loi est forcée de les adjuger à l'un ou à l'autre, comme on ferait d'un troupeau dans un partage. La polygamie assure encore l'existence matérielle de l'épouse ; le divorce la chasse de la maison et la met en demeure d'en chercher une autre qu'elle pourra peut être trouver si elle est jeune, et, si elle est vieille, la laisse sans protection dans la vie.

Il faut remarquer qu'avec le divorce, le relâchement des mœurs s'introduit rapidement dans la société. Il lâche la bride à toutes les convoitises, favorise les entraînements du cœur et de l'imagination, détruit également la retenue chez l'homme et chez la femme, et permet une sorte de promiscuité légale. Le divorce une fois inscrit dans le code, la loi du mariage, qui a pour but de protéger la pureté des mœurs, ne fait qu'en accroître la corruption.

Ce sont là les leçons de l'histoire. A Rome, le divorce contenu d'abord, pendant trois siècles, par les fortes traditions de la famille, devint si fréquent que les femmes, au dire de Sénèque, comptaient leurs époux par la succession des consuls, et qu'Auguste fut obligé de faire une loi pour proscrire le célibat. Rome périssait par sa propre dépravation; et la luxure, dit Juvénal, vengea l'univers de sa défaite :

Luxuria incubuit, et victum ulciscitur orbem.

Luther et la Réforme proclamèrent le divorce, et il s'ensuivit à bref délai « une licence de mœurs et une dissolution semblable à celle du mahométisme », ce sont les termes des disciples de Luther eux-mêmes. (DE BONALD, *Du Divorce*, p. 179 (1).

L'Assemblée constituante établit le divorce et la Convention elle-même, s'effrayant des

---

(1) « En 1793, la faculté du divorce fut accrue à un tel point qu'il ne fut plus qu'une simple formalité... Le mariage tomba aussitôt en désuétude par une conséquence naturelle de son avilissement; et l'on se vit obligé, comme autrefois à Rome, au temps de son avilissement, de faire des lois pour engager les citoyens à se marier. Deux ans après, le désordre avait pris de tels accroissements, que des plaintes et des malédictions s'élevèrent de tous côtés. Il fallut revenir en toute hâte à la loi de 1792, qui elle-même ne fut pas un suffisant remède. C'est le 15 thermidor an III (2 août 1795), que les lois de l'an II furent

funestes effets qui en résultaient, proposa de l'abolir ou de le restreindre. On connaît les bacchanales du Directoire, et la licence arriva à de tels excès, qu'un cri de réprobation s'éleva et retentit encore contre cette gangrène sociale.

Le divorce, par ses effets, détruit donc les lois protectrices de la famille, désorganise la société politique, désagrège et détruit la moralité publique, et c'est justement qu'on l'a stigmatisé en l'appelant énergiquement le « sacrement de l'adultère ».

---

rapportées comme profondément immorales, et qu'on revint provisoirement à la loi de 1792. » (Jules SIMON, *La Liberté*, t. I, p. 263, 264.) Il faut lire quelques passages de la discussion au Conseil des Cinq-Cents, où les inconvénients du divorce sont signalés et confirment toutes les affirmations de cet article 12. (*Idem, ibid.*, note, p. 264.)

CHAPITRE IV

De la société politique et de ses lois.

Il s'agit maintenant de déterminer les lois générales de la société politique. La tâche est ardue. Les lois de la famille se présentent sous des caractères fixes ; les rapports des personnes qui la constituent, revêtent des formes constantes, invariables, universelles. Ici, la nature fait tout, et laisse peu de place à la liberté et à l'activité humaines. Les passions individuelles sont contenues par les sentiments, par les affections, je dirais presque par les instincts qui les maintiennent ou les ramènent bientôt dans l'ordre social tracé par les lois mêmes de la nature.

Dans la société civile, de nouveaux rapports se montrent entre les personnes ; les droits y sont plus égaux, la soumission plus libre, les intérêts plus distincts, plus divergents et parfois même opposés, en même temps que l'action des lois naturelles y est moins forte et moins visible. De là, les formes variées et multiples des associations politiques qui se modifient avec le temps et les conventions particulières. Sans doute, les lois naturelles et divines qui règlent l'ordre social universel, règneront toujours sur le monde dans leur immuable sérénité, mais il devient souvent très difficile d'en reconnaître l'action et d'en dégager la notion exacte sous les formes innombrables et trop souvent fantaisistes que revêtent les institutions politiques.

Pour arriver à ce résultat, il est donc nécessaire que l'écrivain politique étudie avec soin les faits sociaux, à la lumière de l'histoire et de la philosophie ; qu'il sépare ce qu'il y a en eux d'essentiel et de général, de ce qui est variable et particulier, et qu'il tire ainsi la formule des lois universelles de la société politique (1).

---

(1) « Par principes politiques, on entend la somme des vérités sociales qui, partout et toujours, servent de point d'appui à un gouvernement, de quelque nom qu'il s'appelle. Les formes politiques

1. — Origine et formation de la société générale (1).

L'état de société est dans la nature de l'homme ; c'est la condition nécessaire de son existence physique et morale. L'homme n'est véritablement homme qu'autant qu'il est réuni et vit avec l'homme. C'est ce principe fondamental que je me suis efforcé d'établir, dès le début de ce travail. (Chap. I, art. 9, 10, 11 et

---

ne sont que des accidents de la chose publique, et leur changement doit laisser subsister l'essence de l'autorité. » (ATT, *Le vrai et le faux en matière d'autorité*, t. I, in-12, 1874, p. 45.)

(1) J'entends par la société générale, celle qui découle *immédiatement*, nécessairement de la nature de l'homme, qui est le résultat *immédiat* de ses tendances naturelles, de ses facultés et de ses besoins innés. Ce n'est point une institution de l'homme, qu'il ait librement fondée par sa volonté et qu'il puisse changer et abolir. C'est par ces caractères qu'elle diffère de la société civile ou politique. — Ceci fait bien saisir le but de cet article et le point de vue de cette discussion.

(Note de l'auteur.)

12.) Mais comme la négation de cette vérité est l'erreur initiale de l'école rationaliste et révolutionnaire, et que tous ses efforts ont pour but de l'ébranler et de l'obscurcir, il est important d'insister sur ce point capital, et de faire saisir plus nettement, sous ce rapport, l'action et le travail des lois divines et naturelles.

Comment la société a-t-elle commencé ? De quel point l'homme est-il parti et par quelles phases successives a-t-il passé pour arriver à l'état social politique ? En un mot, comment se sont formés les peuples et les nations ? Voilà ce qu'il faut rechercher.

Quand les traditions et l'histoire ne nous apprendraient rien sur cette question, il suffirait de réfléchir pour arriver à se former une idée exacte de la formation des sociétés. A la première vue, la famille apparaît comme l'élément primordial de la société humaine. Les membres de la famille sont attachés au foyer paternel par les besoins réciproques, par les nécessités de l'existence et par les sentiments d'affection et de reconnaissance. Ajoutez que le besoin de cultiver la terre pour se nourrir, et la nécessité de se défendre contre les attaques des bêtes sauvages ou de voisins incommodes, les forçaient à ne se point séparer et à rester dans la vie commune.

Sous l'autorité et la protection du père de famille, se groupent les enfants et les petits-enfants qui, s'étendant de proche en proche, forment, avec le temps, une peuplade, un clan, une tribu. Des familles aussi, se détachant du centre commun, à la recherche des pâturages ou de terres nouvelles, vont se fixer ailleurs, et deviennent le noyau de diverses agglomérations. Chaque tribu est naturellement gouvernée d'ordinaire, par le père de la race, sous l'empire des coutumes et des traditions. Voilà la première organisation sociale dont le type est dans la société patriarcale.

Les chefs de tribus voisines, poussés par le besoin de protéger leurs intérêts respectifs, pourront naturellement se réunir dans des assemblées où se discutent les intérêts communs, où s'établissent et se formulent des règlements ; et de ces réunions de chefs égaux sort une association nouvelle, qui revêt la forme aristocratique, et où même on pourrait déjà parfois reconnaître les éléments d'une forme démocratique.

Et que dans la suite, par le mouvement progressif de cet ordre social élémentaire, les tribus viennent à s'unir ou à se confédérer, on voit éclore spontanément une société politique avec une autorité centrale et sous les formes variées que nous présente l'histoire. Et tout cela s'élabore lentement, sans soubresauts, sans l'appareil de mise en scène imaginé par les théoriciens modernes, et sous l'action combinée des lois naturelles et de l'activité humaine.

Des familles ont pu vivre sous la tente, et persister dans la vie nomade, comme le font encore dans les steppes de la Tartarie et en Asie des tribus de pasteurs et de chasseurs. Mais les tribus fixées au sol par la culture, bâtissent des maisons, forment des villages et des bourgs; un pas de plus, et nous arrivons à l'établissement des villes et des cités. C'est dans la fixité des foyers qu'il faut reconnaître la cause la plus puissante de l'organisation sociale.

2. — Témoignages historiques. — La Bible.

L'autorité de l'histoire confirme ces données rationnelles sur l'évolution de la société humaine. La Bible décrit exactement de la même manière l'état du genre humain à son origine, c'est d'abord le régime patriarcal, le gouvernement des Pères — Πατρος αρχη. Ils ne prennent pas le titre de rois, et leur état pourrait déjà être appelé un petit royaume. Abraham put armer 318 de ses serviteurs, tous nés dans sa maison (*Genèse*, XIV, 14), et il valait bien sans doute un de ces quatre rois qu'il défit. A l'origine, les rois sont nombreux ; chaque peuplade a le sien, et il y en a quelquefois plusieurs chez un même peuple ; et Homère parle de plusieurs rois chez les Phéaciens. (*Odyssée*, VIII, 40, 41.) Isocrate dit qu'en remontant les temps, on trouve une époque où les Grecs n'avaient, pour se gouverner, que des rois. (Voir PUFFENDORF, *De jure gentium*, t. II, p. 272. Liv. VII, chap. I.) Ces rois n'étaient que des pères de famille, des chefs de tribus, à peu près sans doute comme les patriarches de la Bible.

Ainsi l'état patriarcal contient déjà tous les éléments de la société civile ; l'autorité naturelle du père, la propriété des troupeaux et du sol, conditions nécessaires de l'existence de la tribu. Plus tard, ces peuplades, par l'accession volontaire, par la conquête ou la violence, sont absorbées et fondues dans les vastes monarchies qui s'élèvent; mais souvent la tribu subsiste, comme on le voit chez les Hébreux, au temps des rois; et il est possible d'en retrouver les formes, chez beaucoup d'autres peuples, lorsqu'on étudie leur organisation intime.

3. — Témoignages historiques. — Les traditions universelles.

Les formes de la société patriarcale se retrouvent partout, et les sociétés politiques en conservent longtemps l'empreinte (1). Les vieillards avaient une grande autorité chez tous les peuples. De là vinrent à Rome le nom de Sénat dont les membres s'appelaient les Pères, et ce

---

(1) Rousseau le reconnaît sans en donner la véritable cause. « Les Anciens des Hébreux, les Gérontes de Sparte, le Sénat de Rome, et l'étymologie même de notre mot *Seigneur*, montrent combien autrefois la vieillesse était respectée. » (*Disc. sur l'inég.* Œuvres, tome I, p. 181. Ed. Lefèvre, 1839.)

grand respect des vieillards qui se trouvait à Lacédémone. Rien n'est plus conforme à la nature. Dès que les Hébreux commencèrent à former un peuple, ils furent gouvernés par des vieillards. Ils étaient déjà en autorité avant que la loi fût donnée et que l'Etat fût formé. Dans l'Ecriture, les Anciens sont toujours au premier rang dans les assemblées, et quelquefois, ils sont nommés seuls. Les noms d'Anciens ont passé dans la suite en titre de dignité ; du mot grec est venu le nom de Prêtre, et du mot latin le nom de Seigneur. (FLEURY, *Mœurs des Israélites*, 3e part. chap. XXI.)

La famille, et par extension la tribu, est donc la première forme et l'élément de la société. Tous les peuples ont commencé par là ; en voici les preuves :

A. — On peut, dit un savant historien, on peut, avec une exactitude presque rigoureuse, considérer la Chine comme une famille patriarcale devenue, en se développant, un immense empire dont toute l'organisation dérive du principe de la piété filiale. Ce principe s'étend du foyer jusqu'au trône. Chaque maison est un petit Etat, et l'Etat n'est qu'une vaste maison, réglée par les mêmes principes de sociabilité, et soumise aux mêmes devoirs. Cette organisation a traversé les siècles, et le Roi, fils du ciel, est encore aujourd'hui considéré comme le *Grand Père* du peuple. (CANTU, *Hist. univ.*, 4ᵉ ép. Ch. XXVIII, t. III, p. 366, 368 (1).

B. — Les Israélites étaient divisés en douze tribus. Elles étaient distinguées par la filiation, et n'étaient que douze grandes familles descendues de douze frères, enfants de Jacob, qui restèrent distinctes même sous le gouvernement des rois. Ils conservaient leurs généalogies avec grand soin, et savaient toute la suite de leurs ancêtres jusqu'au patriarche de leur tribu.

Il y avait aussi douze tribus d'Ismaélites.

---

(1) « Aussi loin qu'on remonte, la société chinoise paraît à l'état de société constituée ; elle possède un souverain, des lois, des arts. Ce souverain, à vrai dire, n'est que le chef d'une tribu, — celle des *Pessing* « cent noms ou cent familles ». — Ces lois sont élémentaires... En fait cependant la société est formée ; elle n'a qu'à grandir ; aussi, dans ses accroissements, retrouvera-t-on toujours les vestiges de son premier patrimoine. » (*Le Changti et le Tien*, par Paul ANTONINI. *Congrès des catholiques en 1891*, p. 251.)

Les douze fils d'Ismaël sont nommés dans la Bible qui ajoute : « Ils ont donné leurs noms à leurs demeures et à leurs villes ; et ce sont les chefs de leurs douze tribus. » (*Genèse*, ch. XXIII, v. 13-15.)

C. — Les Arabes fondent leur noblesse non sur la propriété ou les dignités, mais sur une longue série d'ascendants dont ils peuvent citer les noms sans interruption jusqu'aux patriarches. Le Sheick est le chef de famille, l'Emir chef de tribu ; chacun d'eux gouverne ceux qui sont sous sa dépendance. La tribu est établie par le lien de la parenté. (Cantu, *ibid*, 9ᵉ époque. Tome VIII, p. 10 à 39.)

D. — Les Celtes et Gaulois sont d'abord chasseurs et pasteurs, puis ils se fixent sur le sol par la culture. Ils se divisent en tribus formées par les liens d'une origine commune. Qui ne connaît les noms des Armoriques, des Eduens, des Arvernes, etc. ? (Cantu, 3ᵉ époque, ch. XXX. Tome II, p. 497 et suiv.)

E. — La même organisation existe chez les Germains et les autres peuples du Nord. Les chefs de famille rendent la justice, et se réunissent dans des assemblées où se discutent les affaires générales. Sous l'influence des traditions, le pouvoir réside et se transmet dans certaines familles ; mais pour la guerre, le commandement est dévolu à un chef le plus brave et le plus expérimenté. Le gouvernement offre ainsi des formes où se mêlent l'hérédité et l'élection : « *Reges ex nobilitate, duces ex virtute ducunt* », dit Tacite. (*De Moribus Germ.*) Les Tribus y sont innombrables : Chérusques, Francs, Sicambres, Brutiens, etc., et se confédèrent naturellement pour l'attaque ou la défense. (Cantu, *ib.*, 7ᵉ époque. Tome VI, ch. 1ᵉʳ.)

F. — Chez les Pictes, les Scots et les Saxons, l'ordre social primitif a sa forme dans le clan ou association d'un certain nombre de familles propriétaires d'un canton natal. C'est dans le clan que se trouve la plénitude des droits civils ; aussi chaque individu conservait-il avec un soin religieux, le souvenir de sa généalogie jusqu'à la sixième et septième génération. (Cantu, *ibid*, 8ᵉ époque, Tome VII, ch. xxi.)

G. — A l'Orient les Mongols et Tartares errant, à travers les steppes, sous les tentes et sur les charriots, sont partagés en familles et en tribus, organisés par groupes de dix, de cent et de mille hommes. Les chefs des tribus sont héréditaires, et tous relèvent d'un monarque aussi héréditaire. (Cantu, *ibid.* 12ᵉ époque. Tome XI, chap. xii.)

H. — L'étude des sociétés grecque et latine, dans leurs origines, a conduit un savant historien, M. Fustel de Coulanges, — *La Cité antique*, in-12, 1878, — à cette conclusion : que la tribu ou la *gens* est une institution universelle et fondamentale chez tous les peuples de la race aryenne, qui, descendue du Caucase, se répandit dans l'Inde et dans l'Europe, depuis Ceylan jusqu'à l'Islande. C'est en cet état que toute cette race a vécu. Les hymnes des Védas en font foi chez les Indous, et les monuments du vieux droit chez les Grecs et les Romains.

La *Gens* a un culte particulier, son autel et ses sacrifices. Les rites religieux en forment la première assise, et le lien du culte se continue avec les générations et les enchaîne. C'est le culte d'un ancêtre et la *Gens* en porte le nom. C'était le nom sacré, celui qu'on portait officiellement. Ainsi à Rome la *Gens* Cornélia, Fabia, Mercia, Lucrétia, etc. En Grèce, les Lakiades, les Butades, les Pylatides, etc. Le nom général s'ajoutait toujours au nom particulier. Dans le langage ordinaire, on désignait un homme par un nom individuel, mais dans le langage officiel de la politique et de la religion, on ne devait pas oublier le nom de la *Gens* ou du γενος. Ainsi on disait : Miltiade, fils de Cimon, Lakiade.

La *Gens* a son tombeau commun, vaste et entouré d'une enceinte ; on y fait annuellement les sacrifices funèbres.

Il y a aussi dans la *Gens* une justice qui reste distincte, même plus tard, de celle de la Cité. Chaque association a son chef qui est, à la fois, son prêtre, son juge et son chef militaire. Elle a aussi ses assemblées où elle porte des décrets particuliers.

Il ne faut pas confondre la *Gens* primitive avec la tribu qui paraît plus tard dans la division politique de la Plèbe. La tribu n'était guère alors qu'une classification politique où la filiation n'avait qu'une influence secondaire et peut-être nulle. La *Gens*, au contraire, n'est pas une association artificielle et arbitraire, mais c'est une seule famille formée parfois d'une seule lignée. On y comptait aussi parfois plusieurs branches, mais toutes venaient par la filiation d'une souche primitive unique, et restaient groupées en un seul faisceau.

Il est facile de se rendre raison de cela, en

observant la constitution de la famille ancienne. Les fils ne se séparaient pas du père, en qui résidait l'autorité. Par la communauté du domaine, le patrimoine restait indivisible, et les frères cadets demeuraient groupés autour du frère aîné. Foyer, patrimoine, tombeau, étaient communs. La famille se développait avec les générations dans l'unité. C'est ce qui explique que ses membres sont si nombreux. La *Gens* Fabia compta, un jour, trois cents hommes sous les armes, commandés par un Fabius. Lorsque la famille sabine Claudia vint s'établir à Rome, elle se composait de trois mille personnes qui obéissaient à un même chef.

La *Gens* s'augmente encore et se complète par le groupement, autour d'elle et dans son sein, des clients, des serviteurs et des affranchis. Ainsi se formaient, dans la famille primitive, de petites familles unies mais subordonnées. Mais, quand un homme entrait dans la *Gens*, ce n'était point par une convention passagère. La clientèle était héréditaire ; on est client de père en fils. Une initiation religieuse introduisait le client et le serviteur (ou esclave, *servus*) dans la famille et les y attachait par un lien sacré. Le foyer les protégeait, ils prenaient part aux fêtes, aux prières de la famille, ils partageaient la religion des dieux Lares, ils étaient ensevelis dans la sépulture commune. Il y avait entre le client, l'esclave et le maître, des droits et des devoirs réciproques de patronage, de protection, d'obéissance et d'affection (1).

La constitution de la *Gens* nous reporte à l'époque où les grandes sociétés politiques n'étaient pas encore formées, mais elle en explique naturellement la formation ; la société politique est en germe dans la *Gens*. On y trouve une autorité commune, des coutumes qui sont déjà des lois, la propriété, un culte, une justice, tous les éléments enfin d'un ordre social plus

---

(1) Ce point de vue sur l'esclavage est nouveau pour moi, et mériterait d'être étudié à part. L'esclavage eut aussi d'autres sources, la violence, la rapacité et la guerre. On ne le présente d'ordinaire que de ce côté, mais ce n'est pas le vrai à l'origine des sociétés. (Voir FUSTEL DE COULANGES, la *Cité antique*, liv. II, chap. x, art. IV.)

Le *servus* dont il est question ici n'est point l'esclave, c'est plutôt le client. (Voir sur le client, la *Cité antique*, liv. 4, chap. VI, p. 306 à 309. Le client semble être le serf du moyen âge.)

étendu. C'est un petit *État* qui vit, se développe et se suffit à lui-même ; de là à la société civile, il n'y a qu'un pas, et la transition est naturelle. Les éléments de la *Gens* et ses formes se retrouvent dans la Cité, où elles persistent, et où il est facile de les reconnaître. C'est grâce à ces influences et à ces traditions primitives, que les Patriciens de Rome et les Eupatrides d'Athènes obtiennent et perpétuent leur situation privilégiée. C'est sur les bases de la *Gens* que se constituent la *Curie* et la *Phratrie* politique qui jouent un si grand rôle dans l'organisation de Rome et de la Grèce.

Tous ces faits jettent un grand jour sur la question de l'origine des sociétés. Ils prouvent que la société n'est pas une création artificielle et conventionnelle. C'est la conclusion des recherches si pénétrantes de Fustel de Coulanges qu'il formule en ces termes : « Le système qui regarde la *Gens* comme une association factice, outre ses défauts, a encore celui de supposer que les sociétés humaines ont pu commencer par une convention et par un artifice, ce que la science historique ne peut pas admettre comme vrai. » (*La Cité antique*, liv. II, chap. x, p. 119, in-12.)

4. — TÉMOIGNAGES HISTORIQUES. — LES NOMS DES PEUPLES.

Ce qui prouve encore que la formation de la société se fit par l'évolution de la famille, c'est que le nom des peuples est ordinairement celui du personnage qu'ils reconnaissent pour l'auteur de leur race. La Bible donne les noms des fils et des petits-fils des trois enfants de Noé, et elle ajoute : « Ce sont là les familles de Noé, selon leurs peuples, leurs régions et leurs langues. De ces familles descendent les nations qui se sont répandues sur la terre après le déluge. » (*Genèse*, chap. x.)

Voltaire, avec sa légèreté habituelle, doublée encore de mauvaise foi, lorsqu'il s'agit de la Bible, se contente de dire sur ce chapitre de la *Genèse* : « Nous passons ici tous les petits-fils de Noé, inconnus longtemps au reste de la terre. » (*La Bible enfin expliquée*, art. *Genèse*.) Voltaire ne s'est donc pas rappelé les vers d'Horace (*Odes*, liv. Ier, ode 3e), de Virgile (*Géorgiques*, liv. Ier, v. 279), d'Ovide (*Métam.*, liv. Ier, v. 82), ni ceux d'Hésiode (op. D. v. 50), et d'Aristophane (*Les Nuits*, v. 994), où il aurait lu le nom de Japhet. « Les Grecs en particulier le reconnaissaient pour auteur de leur race ; ni leur histoire, ni leurs traditions ne remontent au-dessus de lui. » (*Encyclop. méthod.* Antiquités, v. Japet (1).

L'histoire, en effet, à l'encontre de Voltaire, montre que tous les peuples remontent, par leur origine, à ces fils de Noé, et elle en retrouve partout les noms et les souvenirs. Un savant géographe, Malte-Brun, a donné l'analyse des travaux de la science sur ce point :

« 1° *Descendants de Japhet*. — On reconnaît l'Ion des Grecs, père des Ioniens, dans Javan, et

---

(1) Les Grecs et les Latins, au lieu de *Japhet* disent *Japet*, mais c'est bien le même personnage désigné. « Il n'y a pas grande difficulté à reconnaître que Japet et Japhet sont le même nom, puisque Bérose avait traduit le Japhet oriental par le nom même que les Grecs donnaient à Japet. C'est l'opinion d'un savant étymologiste : « *Japetus poetarum cœli et terræ filius, cum Hæbræo Japhet est idem. Nam et Berosus Chaldæus vocat Japetum.* » (J. Fungori. *Diction. etymologicum.* — Pierre Leroux, *de l'Humanité.* Tome II, p. 147 ; in-8°, 1845, 2ᵉ édition.)

Madaï désigne vraisemblablement les Mèdes. Les autres noms sont d'une interprétation plus difficile, et les princes mêmes de l'érudition ne nous ont rien appris de positif sur Gomer et Magog qui paraissent désigner les peuples voisins du Pont-Euxin et du Caucase ; cependant Théras pourrait bien avoir du rapport avec les Thraces. Un des descendants de Japhet est nommé Tharschich, et serait, selon Josèphe, la source des Ciliciens dont Tarse est la ville principale.

« 2° *Descendants de Sem.* — L'Eloem, l'Elymaïs des Grecs, longtemps royaume indépendant, l'Assur ou l'Assyrie, l'Aram qui est la Syrie, rappellent incontestablement trois noms des fils de Sem ; le dernier même semble connu d'Homère qui en aura fait Cerimi ; mais on ne s'accorde pas aussi bien sur Lied qui nous paraît cependant le père des Lydiens.

« Dans l'Asie occidentale, la Bible, d'accord avec les auteurs profanes, indique les anciens empires et leurs immenses capitales, Babylone qui est Babel, et Ninive fondée par Ninus. Au midi de ces empires, on distingue, dans les temps les plus reculés, les Edomites, fils d'Edom ou d'Esaü que les Grecs appelaient Iduméens, les Hébreux fils d'Héber, en parenté avec les tribus arabes et autres qui les avoisinent, et qui se disent comme eux descendants de Sem, par son fils Arphaxad, lequel, selon l'historien Josèphe, serait aussi le père des Chaldéens.

3° *Descendants de Cham.* — Ce nom se retrouve dans celui de Chamia ou terre de Cham, donné à l'Egypte dans tous les temps. Il est incontestable aussi que le nom de Misraïm, un des fils de Cham, est le même qui, chez les Arabes et les Turcs, désigne encore aujourd'hui l'Egypte et surtout le Delta. On ne peut guère douter non plus que le nom de Kousch, donné à l'un des fils de Cham, ne désigne les peuples de l'Arabie méridionale et orientale, où les géographes grecs et romains connurent les villes ou peuples de Saba, de Reghma et autres dont les noms, selon la Bible, appartiennent à des descendants de Kousch. La Palestine ou terre des Philistins, était aussi habitée par de nombreuses tribus qui toutes descendaient de Chanaan, fils de Cham, et portaient le nom général de Chananéens. » (MALTE-BRUN, *Géographie univ.* Tome Ier.)

A une époque postérieure, les peuplades grecques et italiennes et autres portent le nom de leurs premiers chefs. A travers les ombres qui s'étendent sur ces époques primitives, il est possible encore de retrouver des indications qui ont leur prix. J'en recueille un peu au hasard quelques-unes dans l'historien Cantu.

Appien raconte (*De rebus Illyr.* cap. 3) que Polyphème et Galatée eurent trois fils, Illyrus, Celtus et Gallus, qui, partant de la Sicile, furent les pères des Illyriens, des Celtes et des Gaulois Ombriens. (CANTU. Tome II, chap XXIV (1).

Les Pélasges, plus anciens que les Grecs, reconnaissent Pélasgus pour leur auteur. Deucalion, qui chassa les Pélasges, eut pour fils Hellenus de qui les Hellènes prirent leur nom. Les trois fils d'Hellenus donnèrent aussi leur nom à des tribus : Eolus fut le père des Eoliens, Dorus celui des Doriens ; le troisième, Huthus, eut deux enfants : Ion, père des Ioniens, et Achæus celui des Achéens. C'est Hésiode qui donne cette généalogie. (*Ibid.* Tome Ier, ch. XXVI.)

Des chefs venus de l'Egypte abordèrent en

---

(1) « Les Teutons, selon Leibnitz, étaient les enfants de Teut, et les Germains proprement dits, les enfants de Herman. » (THOREL, *Origine des sociétés*, tome II, p. 3, in-12.)

Grèce. Danaüs fonda Argos dont les habitants s'appelèrent Danaéens (Danai). Pélops donna son nom au Péloponèse. Les descendants de Phocas, chef d'une tribu corinthienne, s'établirent dans la Phocide, et la tribu des Cadméens reconnaissait son auteur dans Cadmus. (*Ibid, ibid.*)

Mêmes faits dans l'Asie mineure. Troye fut ainsi nommée de Tros, son fondateur, et Ilion d'Ilus. Les Troyens étaient fils de Teucer (Teucri), de Dardanus (Dardanidæ), et de Priam (Priamides). (*Ibid.* Tome II, chap. ix.)

On pourrait poursuivre ces recherches et retrouver les mêmes faits chez les autres peuples. Celles qui précèdent suffisent pour nous donner encore une fois de plus le droit de conclure que la société n'est pas le résultat de conventions, mais qu'elle est née de l'évolution naturelle et spontanée de la famille.

5. — Théorie rationaliste. — Etat de nature. — Contrat social.

En face de la théorie historique sur la formation de la société par le développement naturel de l'humanité, se pose la théorie rationaliste connue sous le nom d'*Etat de nature* et qui fait sortir la société de l'état sauvage et d'un pacte social primitif et volontaire.

Si l'on entendait par Etat de nature la situation de l'homme sous l'empire des lois naturelles et divines qui dérivent de sa constitution d'Etre raisonnable, en faisant abstraction des lois positives et particulières que les hommes ont établies et des gouvernements qu'ils ont formés, on pourrait admettre ce point de vue comme une hypothèse philosophique, sans réalité dans les faits, mais propre à déterminer les lois primitives et abstraites de l'humanité telles qu'elles résultent des facultés essentielles de sa nature. Et ce point de vue nous conduirait encore à reconnaître que l'ordre social est dans la nature de l'homme et dans la volonté de Dieu qui l'a créé pour vivre en société (1).

---

(1) Tel paraît être le point de vue de Montesquieu : « Avant toutes les lois (positives) sont celles de la nature, ainsi nommées parce qu'elles dérivent uniquement de la constitution de notre être. Pour les connaître bien, il faut considérer un homme avant l'établissement des sociétés. Les lois de la nature seront celles qu'il recevrait dans

Mais cela ne saurait convenir aux théoriciens de l'Etat de nature qui ont la prétention de construire la société hors de toute intervention divine et sur la seule souveraineté de l'homme. Ils posent donc en principe un état primitif où l'homme, réduit à l'animalité pure, est errant dans les bois, sans famille, sans langage, sans loi religieuse et morale, d'où il sort enfin pour

---

un état pareil. Cette loi qui, en imprimant dans nous-mêmes l'idée d'un Créateur, nous porte vers lui, est la première par son importance. » (*Esprit des Lois.* Liv. Ier, ch. II.)

Et Puffendorf : « Ce que l'on appelle *Etat de nature* pur et simple, c'est la condition où l'on conçoit l'homme en faisant abstraction des choses qui lui surviennent en conséquence de quelque établissement humain, et non pas un Etat auquel la nature ait destiné l'homme. » (*Le Droit de la nature et des gens.* Liv. II, chap. II, art. III.)

Lire cet article où Puffendorf avoue que l'état de nature tel que l'entendent Hobbes et Spinoza n'a jamais existé et même n'a jamais pu exister, à moins que « selon l'opinion chimérique de quelques païens, les hommes ne fussent nés du limon, comme les grenouilles, ou de quelque semence jetée en terre, comme ceux dont parle la fable de Cadmus. » (Tome Ier, p. 179.)

créer la société, le droit, le devoir et la religion, par la seule force de sa volonté et d'une libre convention.

6. — Histoire de la théorie de l'Etat de nature. — L'antiquité païenne.

Cette idée se montre dans les mythes antiques qui représentent Orphée tirant les hommes du fond des forêts et les civilisant par ses chants, et Amphion élevant les murs de Thèbes au son de sa lyre, mais sans dire où ces premiers civilisateurs avaient puisé leur sagesse. Mais si l'on veut examiner de plus près, on ne verra dans ces légendes que le fait de quelques peuplades tombées dans l'isolement et la barbarie et ramenées à la civilisation par l'instruction ; ce qui se fait encore sous nos yeux par les missionnaires chrétiens qui portent la lumière chez les tribus sauvages.

Il faut remarquer aussi que les récits des anciens poètes nous parlent d'un âge d'or qui aurait existé dès l'origine et évidemment incompatible avec un état initial de sauvagerie imaginé par d'autres. Les écrivains de l'antiquité attribuent aussi l'origine et l'invention des arts aux dieux, qui les auraient révélés aux hommes. Tel est le sens des légendes de Cérès, de Triptolème, de Bacchus, de Prométhée et de Vulcain. Il y a donc une double idée dans ces vieilles traditions, et cette contradiction s'explique par la confusion introduite dans les souvenirs des premiers âges.

La même contradiction se retrouve dans Platon. Il admet parfois l'erreur qui place à l'origine la sauvagerie du genre humain, ce qui pourtant ne l'empêche pas de reconnaître, d'après Homère, que les hommes vécurent, dès l'origine, sous le gouvernement patriarcal dont il retrouve encore des vestiges chez les Grecs et chez les Barbares, et proclamer dans tous ses ouvrages que les premiers auteurs des arts et des lois sont les dieux. (Conf. *Protagoras*, et les *Lois*. Liv. III.)

Parmi les philosophes cette erreur de la sauvagerie originelle fut surtout propagée par Epicure(1), qui, après avoir fait former l'univers

---

(1) Le système d'Epicure sur ce point est exposé par Stanley, *Hist. de la Philosophie*, cité par Cocceius. *Dissert. ad Grotium* (dissert. 8ᵉ, cap. I, p. 173-174). Il cite à la suite Platon et Horace, p. 173 et 174.

par le concours aveugle des atomes, faisait naître les hommes du limon de la terre échauffée par les rayons du soleil. C'était la conséquence logique de son système matérialiste et athée.

Cette même idée parut à Rome à l'époque où le système d'Epicure y fut implanté. Deux poètes épicuriens en donnent la formule. Lucrèce développe et chante cette théorie. (*De natura rerum*, lib. V.) Horace peignit le genre humain comme « un troupeau muet et hideux, *Mutum et turpe pecus* », sortant de terre comme les rats, n'ayant que des ongles pour se défendre, puis des bâtons, puis trouvant des sons et des mots, vivant dans une hideuse promiscuité. (*Satires*, liv. I, sat. 3.)

Cicéron oscille comme Platon. Parfois, il admet l'état sauvage à l'origine. (*Pro Sexto*, n° XI. *De inventione*, lib. I.) Partout ailleurs il répudie cette doctrine. « L'espèce humaine, dit-il, n'est pas une race d'individus isolés, errants et solitaires, mais elle naît avec une disposition qui, même dans l'abondance de toutes choses et sans besoins de secours, lui rend nécessaire la société des hommes. » (*De Republicâ*, lib. I, cap. xxv, trad. Villemain.)

Et ailleurs : « La première société est dans le mariage, puis dans les enfants ; ainsi un seul foyer où tout est en commun. C'est le principe de la cité, et comme le germe de la société politique. Viennent ensuite les unions des frères, et après eux, des cousins qui, ne pouvant être contenus dans une seule maison, vont se fixer, comme des colonies, sous d'autres toits. Les alliances se multiplient, et cette filiation est l'origine des républiques (état politique). » (*De Officiis*, lib. I, cap. xvii.) On ne saurait mieux dire. M. Villemain explique ainsi les variations de Cicéron : « Ses opinions, dit-il, varient selon qu'il parle en orateur, qu'il raisonne en politique ou qu'il conjecture en philosophe. » (Trad. de *la République*, liv. VI, p. 358. In-12.)

L'idée d'un Etat de nature renaît au XVIe siècle avec l'idolâtrie de l'antiquité classique. Il ne faut donc pas s'étonner d'en trouver des traces chez Montaigne, ni de le voir s'éprendre d'admiration pour les sauvages de l'Amérique. (*Essais*, liv. I, chap. xxx.) Mais bientôt elle est érigée en système et posée par des écrivains à la base de la science politique.

7. — Histoire de la théorie de l'État de nature. — Thomas Hobbes.

Hobbes, le premier, posa cette hypothèse, et en déduisit tout un système de politique. (*De cive*, 1642.) Il commence par nier que l'homme soit fait pour la société, qu'il y soit disposé par sa nature (1). « La plupart de ceux qui ont écrit sur la politique, dit-il, supposent que l'homme est un animal politique, Ζωον πολιτικον, selon le langage des Grecs, né avec une disposition naturelle à la société ; sur ce fondement, ils bâtissent la doctrine civile... Mais si on considère de plus près la nature humaine, et les causes pour lesquelles les hommes s'assemblent en société, il apparaîtra bientôt que cela n'arrive que *par accident*, et non par une disposition nécessaire de la nature. (*De cive*, cap. I.)

---

(1) Le système de Hobbes est exposé et réfuté par H. Cocceius. (*In Grotium dissert.*, 8, cap. I, p. 174...179. — Nouvelle exposition avec la réfutation, *idem, Dissert.* XI, cap. I, p. 279... 285.)

Le système de Hobbes est résumé encore par Haller. (*Restauration de la science politique*, t. I, p. 41... 44.)

D'où il suit que l'état social n'a de fondement que la volonté de l'homme qui peut aussi le dissoudre par un acte de sa volonté. Voici maintenant l'analyse de son système :

Dans l'Etat de nature, tous ont droit à tout. La force seule règne et décide du droit : c'est donc l'anarchie et la guerre éternelle. Mais la crainte mutuelle pousse les hommes à sortir de cet état. Ils se réunissent donc et par un contrat, ils créent la société, et ils délèguent à perpétuité le pouvoir à un prince et ils abdiquent entre ses mains leurs volontés, leurs forces et leurs biens, car sans cela la paix ne saurait subsister.

L'Etat est donc comme un grand animal (*Léviathan*, 1651), dont le prince est l'âme et dont les sujets sont les membres. Le souverain est tout, sa volonté est celle de tout le peuple qui a aliéné la sienne entre ses mains. Tout ce que le prince ordonne est juste et légitime, tout ce qu'il défend est injuste. Il n'y a pas d'autre règle du droit ; les lois humaines n'ont pas leur fondement, leur principe dans une raison et une justice souveraine et supérieure ; car Hobbes est matérialiste et athée, et si parfois le sophiste parle de Dieu et cite la Bible, au fond, il n'y a pour lui, hors de l'Etat, ni droit ni devoir, et par conséquent, point de loi divine. Toute justice se forme par le contrat social et émane de la volonté générale ; et ainsi le système de Hobbes aboutit à légitimer un despotisme sans limites et sans frein ; et c'est le but politique qu'il avait en vue d'atteindre (1).

8. — Histoire de la théorie de l'Etat de nature. — Spinoza.

Spinoza (*Tractatus-Theologico-Politicus*, 1670) déduit sa théorie sociale des principes du panthéisme. Son système n'a rien d'original et ne s'écarte guère de celui de Hobbes. Parti comme celui-ci de l'athéisme, il est arrivé en politique aux mêmes conséquences.

Suivant lui, dans l'ordre de la nature, le

---

(1) Hobbes fait dériver la justice, des lois positives. Spinoza dit de même (v. ci-après, art. 8). Rousseau énonce la même erreur (v. ci-après, art. 9 et art. 13). Montesquieu a réfuté ces faux principes : « Avant qu'il y eût des lois faites (par les hommes), il y avait des rapports de justice possibles. Dire qu'il n'y a rien de juste ni d'injuste que ce qu'ordonnent ou défendent les lois posi-

droit de chacun s'étend aussi loin que sa puissance ; chaque individu a droit à tout ce qu'il peut atteindre. Ainsi, avant l'établissement de l'Etat, rien n'est juste ni injuste ; il n'y a ni bien ni mal. « Les poissons, dit-il cyniquement, sont naturellement faits pour nager ; les plus grands d'entre eux sont faits pour manger les petits, et par conséquent, en vertu du droit naturel, tous les poissons jouissent de l'eau et les plus gros mangent les petits... Et ici nous ne reconnaissons aucune différence entre les hommes et les autres individus de la nature, ni entre les hommes doués de raison et ceux qui en sont privés, ni entre les extravagants, les fous et les gens sensés ; car tout ce qu'un être fait d'après les lois de sa nature, il le fait à bon droit, puisqu'il agit comme il y est déterminé par sa nature, et qu'il ne peut agir autrement. » (*Tractatus*, chap. XVI, pag. 269, 270. *Œuvres*, t. I. Edit. Saisset, in-12, 1843.)

---

tives, c'est dire qu'avant qu'on eût tracé de cercle, tous les rayons n'étaient pas égaux. Il faut donc avouer des rapports d'équité antérieurs à la loi positive qui les établit. » (*Esprit des lois*, liv. I, chap. I.)

Voilà l'image de l'État de nature. Or, comme il est impossible de vivre en sécurité tant que chacun peut faire tout ce qu'il veut, au milieu des haines, des ruses et des fureurs de ses semblables, les hommes ont dû s'entendre naturellement, et faire en sorte de posséder en commun le droit primitif sur toutes choses que chacun avait reçu de la nature ; ils ont dû renoncer à suivre la violence de leurs appétits individuels, et se conformer de préférence à la volonté et au pouvoir de tous les hommes réunis.

La société, suivant Spinoza, est donc le résultat d'un pacte. Mais un pacte n'a de valeur qu'en raison de son utilité ; si l'utilité disparaît, le pacte s'évanouit avec elle et perd toute son autorité. Il y a de la folie à prétendre enchaîner à tout jamais quelqu'un à sa parole, à moins qu'on ne fasse en sorte que la rupture du pacte occasionne, pour le violateur de ses serments, plus de dommage que de profit.

Le moyen donc de conserver le pacte social ne peut être que la force, et c'est l'autorité du souverain. On est obligé absolument d'exécuter tous les ordres du souverain, même les plus absurdes, et le souverain a le droit de maintenir son pouvoir par la force et par les supplices.

Et nous voilà encore arrivés avec Spinoza à la consécration du régime de la force. C'est là le résultat logique de son système ; si l'état social n'est pas fondé sur les lois divines, mais sur les volontés de l'homme, la société ne peut se maintenir que par la force et le despotisme.

« L'Etat de Spinoza, a très bien dit un philosophe, est comme son Dieu ; il n'est rien, s'il n'est pas tout. La cité du philosophe est l'image fidèle de son système ; les individus vont se confondre dans l'Etat, comme les êtres s'abîment dans la substance infinie du grand tout. » (Cousin, *Philosophie moderne*, t. III, p. 300, in-12, 1846.)

9. — Histoire de la théorie de l'Etat de nature. — J.-J. Rousseau.

Rousseau, en reprenant pour son compte l'idée d'un Etat de nature, l'a modifiée en quelques points, et bien qu'on y retrouve les traces des systèmes de Hobbes et de Spinoza, il aboutit à une conséquence opposée et plus radicale, c'est-à-dire à la suppression de tout état social. Son mérite, s'il était permis de parler ainsi, c'est d'avoir vulgarisé cette idée qui est devenue le principe de l'école révolutionnaire et de la démocratie actuelle. Au lieu de se borner à affirmer cette théorie, il en a développé l'histoire imaginaire, en reprenant Lucrèce, et il en a fait le roman. (*Discours sur l'origine de l'inégalité*, 1753. *Œuvres complètes*, t. I. Edit. Lefèvre, in-8°, 1839.)

Il veut bien renoncer, dit-il, « à examiner l'homme dans l'embryon de l'espèce, à suivre son organisation dans tous ses développements successifs, à rechercher si ses ongles ne furent point d'abord des griffes crochues, s'il n'était point velu comme un ours, s'il ne marchait pas d'abord à quatre pattes, bien qu'on puisse établir des doutes sur ces points, et que, par des recherches plus exactes, on pût trouver que les pongos et les orangs-outangs ne sont que des hommes. » (Notes 3 et 10) (1).

---

(1) « Que le singe soit une bête, je le crois, que l'orang-outang en soit une aussi, la preuve m'en paraît difficile. » (*Lettre à M. Philopolis*, BONNET, de Genève.) — « Si l'orang-outang n'est pas une

Prenant donc l'homme tel qu'il se trouve aujourd'hui, Rousseau « ne voit dans l'homme à l'origine qu'un animal se rassasiant sous un chêne, se désaltérant au premier ruisseau, et prenant son repos au pied du même arbre qui lui a fourni son repas... Les hommes dispersés parmi les animaux, observant, imitant leur industrie et s'élevant ainsi jusqu'à l'instinct des bêtes... Pourquoi l'homme est-il sujet à devenir imbécile ? N'est-ce point qu'il retourne ainsi dans son état primitif ?... Le premier qui se fit des habits ou un logement, se donna en cela des choses peu nécessaires, puisqu'il s'en était passé jusque-là.

« L'homme sauvage, livré par la nature au seul instinct, privé de toute lumière, n'éprouve que des passions animales... Son langage alors n'était pas plus raffiné que celui des corneilles ou des singes.

« La famille n'existait pas... N'ayant ni maisons, ni cabanes, chacun se logeait au hasard, souvent pour une seule nuit... Les mâles et les

---

bête, est-il autre chose que l'homme de Rousseau ? » (TORAMBERT, *Principes de droit politique*, p. 118, in-8°, 1825.)

femelles s'unissaient fortuitement, selon la rencontre, l'occasion et le désir, et se quittaient avec la même facilité... La mère allaitait ses enfants d'abord pour son besoin ; mais dès qu'ils avaient la force de chercher leur pâture, ils ne tardaient pas à quitter la mère elle-même ;... et ils en étaient bientôt au point de ne pas même se reconnaître les uns les autres.

« Il paraît d'abord que les hommes dans cet Etat de nature, n'ayant entre eux aucune sorte de relation morale ni de devoirs communs, ne pouvaient être ni bons ni méchants, et n'avaient ni vices ni vertus..., ni la moindre notion du tien et du mien, ni aucune véritable idée de la justice.

« On voit combien la nature a pris peu de soin de préparer aux hommes leur sociabilité. Il est donc impossible d'imaginer pourquoi, dans cet état primitif, un homme aurait plutôt besoin d'un autre homme, qu'un singe ou un loup de son semblable ; ni même, ce besoin supposé, quel motif pouvait le pousser à y pourvoir... L'homme serait donc demeuré éternellement dans sa condition primitive, sans le concours de causes étrangères et de différents hasards qui ont pu perfectionner la raison humaine, en détériorant l'espèce, et rendu un être méchant en le rendant sociable (1). »

Le premier pas hors de la nature et vers le mal de la civilisation, ce fut l'établissement de la propriété. « Le premier qui, ayant enclos un terrain, s'avisa de dire : *Ceci est à moi !* et trouva des gens assez simples pour le croire, fut le vrai fondateur de la société civile. Que de crimes, de guerres, de meurtres, que de misères et d'horreurs n'eût point épargnés au genre humain, celui qui, arrachant les pieux ou comblant le fossé, eût crié à ses semblables : Gardez-vous d'écouter cet imposteur ; vous êtes perdus, si vous oubliez que les fruits sont à tous et que la terre n'est à personne ! (2) »

Tous les maux, selon Rousseau, dérivent de là ; la perte de l'égalité première et de la tran-

---

(1) « Si les hommes s'assemblent en sociétés, cela n'arrive que par des causes diverses et par accident, et non par une disposition nécessaire de la nature. » (HOBBES, *De Cive*, cap. I, § 2.)

(2) « Tous les hommes sont naturellement égaux ; l'inégalité qui règne maintenant a été introduite par la loi civile. » (HOBBES, *De Cive*, cap. I, § 3.)

quillité, l'oppression du pauvre par le riche, l'assujettissement du plus grand nombre au travail. Et d'un autre côté, les riches sans cesse menacés dans leurs possessions eurent recours à l'astuce et persuadèrent les pauvres de s'unir et de rassembler leurs forces en un pouvoir suprême qui pût défendre et protéger tous les membres de l'association.

« Telle fut, conclut Rousseau, ou dut être l'origine de la société et des lois qui donnèrent de nouvelles entraves au faible et de nouvelles forces au riche, et établirent cet état de civilisation où il se commet plus de crimes et de meurtres, en un jour de combat, qu'il ne s'en était commis dans l'Etat de nature, durant des siècles entiers, sur toute la face de la terre. »

Jusque-là, les partisans de l'Etat de nature avaient reconnu que les passions sans frein devaient amener la ruine du genre humain, et avaient conclu la nécessité pour lui d'en sortir, s'il voulait subsister. Rousseau regarde l'état sauvage comme l'idéal de l'humanité, et conséquent jusqu'au bout, il ne craint pas de proclamer que la société civile est une dégénérescence, que l'homme dans l'état de civilisation est un animal dépravé, et que la nature ayant fait l'homme pour vivre isolé et hors de l'état social, c'est dans les bois qu'il doit rentrer pour y retrouver le bonheur et la liberté.

On reste frappé d'étonnement quand on pense que ces fantaisies et ces rêves aient pu séduire toute une époque, et que de tels paradoxes aient été adoptés par l'école révolutionnaire comme des axiomes politiques.

L'influence de Rousseau a été immense au XVIIIe siècle, et elle persiste encore aujourd'hui, au moins dans les données générales de son système politique. On y trouve en germe toutes les idées du jacobinisme et de la démocratie contemporaine : — la souveraineté illimitée du peuple créant le droit et la justice, — la négation du droit de propriété et, par suite, les différentes théories socialistes, le communisme de Cabet, la loi agraire de Babeuf, — le droit au travail de Louis Blanc, — l'Etat maître de tout — et enfin la suppression de tout gouvernement ou l'an-archie de Proudhon.

En effet, si la société n'a pas son fondement dans les lois divines, mais seulement dans la volonté des hommes, il s'ensuit que la communauté n'est liée par aucune loi supérieure. La volonté du peuple, ou pour nous servir de ses termes, *la volonté générale* fait seule toute la loi, elle constitue le droit.

La famille, l'autorité, la propriété ne reposant que sur la volonté générale, disparaîtront légitimement le jour où cette volonté les aura condamnées.

Quant au gouvernement, au pouvoir, comme il n'est qu'une émanation de la volonté générale, le peuple peut le renverser à son gré et même le supprimer. De là, la légitimité de toutes les révolutions.

La propriété n'étant appuyée que sur la loi humaine, la majorité peut aussi la supprimer. Si le socialisme a la majorité pour lui, il pourra justement détruire la propriété ; la propriété deviendra une injustice, un vol, comme a dit Proudhon, puisqu'elle sera contraire à la volonté générale qui crée le droit.

10. — Réfutation de la théorie de l'Etat de nature.

A. — « L'Etat de nature n'existe pas, dit Rousseau, il n'a peut-être point existé, et n'existera probablement jamais... Ce n'est qu'une histoire hypothétique des gouvernements, et non pas une vérité historique. » (*Discours sur l'origine de l'inégalité* (1).

Mais cette méthode d'investigation d'abord est peu philosophique et ne peut aboutir qu'à de faux résultats. Il est puéril de vouloir fonder la science politique sur une supposition imaginaire et sans réalité dans les faits. Dans cet homme primitif que vous supposez, vous trouverez peut-être l'humanité en germe et dans d'informes linéaments, mais ce n'est pas même l'enfant au maillot, bien loin que ce soit l'homme complet avec les caractères incontestables de sa nature et l'intégrité de ses facultés essentielles, ce n'est pas en s'enfonçant dans les ténèbres des hypothèses qu'on arrive à connaître la réalité.

---

(1) « La théorie métaphysique de l'Etat de nature est venue imprimer une sorte de sanction dogmatique à cette aberration rétrograde de ne pas reconnaître le pouvoir spirituel comme indépendant du pouvoir temporel, en représentant tout ordre social comme une dégénération croissante de cette chimérique situation. » (Auguste COMTE, *Cours de Philos. positive*, t. V, p. 409. — Cité par Cantu, *Hist. univ.*, t. VII, p. 43, et plus au long, *ibid.*, t. XIV, p. 41.)

Votre hypothèse d'ailleurs est inutile, puisque l'origine et la formation de la société s'expliquent naturellement par le développement de l'humanité, par la filiation des familles et par leurs rapports entre elles ; et ensuite parce que les droits des hommes, la liberté, la propriété sont plus sûrement garantis sous l'empire des lois naturelles et divines que par les théories qui, faisant de la société une création purement humaine, aboutissent au despotisme ou à la dissolution de l'état social.

B. — Rousseau avoue (*Discours sur l'orig.*) que son système sur l'Etat de nature est démenti par la Bible ; il faut dire aussi qu'il va à l'encontre de toute la science historique. L'étude du passé et des traditions universelles prouve que le genre humain n'a point débuté par l'état d'ignorance et d'abrutissement qu'on imagine. Si haut qu'on remonte, ce qu'on trouve, c'est l'homme en possession des idées religieuses et d'un culte public, exerçant l'agriculture, les métiers utiles et les arts. Les ruines des temples de l'Egypte et de l'Asie, des palais de Memphis et de Babylone, les travaux gigantesques de l'antiquité, les constructions cyclopéennes des Etrusques et des Pélasges, les obélisques couverts de sculptures, des blocs énormes soulevés à des hauteurs prodigieuses, tout atteste l'emploi de machines puissantes et des procédés d'une mécanique avancée. La science est contemporaine du genre humain ; les arts donnés à l'homme dès l'origine, conservés traditionnellement dans les familles patriarcales n'ont pas été découverts par des tâtonnements successifs et de longs essais.

Le développement de l'humanité tel qu'il est supposé par les théoriciens de l'Etat de nature, vient se heurter aux monuments de l'histoire comme devant une barrière infranchissable. Les rationalistes avaient cherché partout des preuves contre la chronologie de la Bible, ils avaient fait appel aux prétentions de divers peuples jaloux de se donner une antiquité perdue dans la nuit des temps : tous ces calculs se sont dissipés à la lumière des investigations précises de la science contemporaine.

Les Hindous établissaient des listes de rois dont chacun avait régné douze douzaines de siècles. Le savant W. Jones revit ces calculs, et il arriva à cette conclusion : « Nous ne voyons pas de gouvernement établi dans l'Inde avant les deux mille ans qui ont précédé l'ère chré-

tienne, c'est-à-dire avant l'âge d'Abraham. »
(*Recherches sur l'Asie*, tome II, p. 145.)

Des historiens chinois ont fait remonter leur empire jusqu'à trois millions 262 mille ans avant l'ère chrétienne. Voltaire s'en faisait un triomphe. Klaproth nie toute certitude historique dans les annales chinoises antérieurement à l'année 732 avant Jésus-Christ, époque voisine de la fondation de Rome. Abel Rémusat et Fréd. Schlegel, en accordant plus, ne font pas remonter cette antiquité au delà de trois ou quatre générations après le déluge de la Genèse. (Wisemann, *Discours* 7e.)

Il en a été de même pour l'Egypte. Volney plaçait la formation des collèges sacerdotaux à 13 et peut-être 20 mille ans avant Jésus-Christ. La lecture des hiéroglyphes a réduit ces prétentions au néant. Champollion a établi qu'aucun monument égyptien n'est antérieur à l'an 2,200 avant notre ère.

On fit grand bruit au commencement de notre siècle autour des zodiaques de Dendérah et d'Eshné. Dupuis attribuait à ce dernier une date de 9,000 ans. Les recherches des savants ont fait tomber ces illusions. Letronne fixa définitivement la date du zodiaque d'Eshné à l'an 47 après Jésus-Christ, et celle de Denderah au règne de Tibère. (WISEMANN, 8ᵉ *discours* (1).

Où donc les rêveurs placeront-ils leur Etat de nature ? Les siècles leur font défaut. Mais nous avons affaire à des hommes que les difficultés ne rebutent pas, et qui, disait Châteaubriand, « disposent de l'éternité du monde ». (*Mélanges*, art. sur M. de Bonald.) Aussi ont-ils inventé le système de *l'évolution*, renouvelé par Darwin. L'homme à l'origine part de la cellule moléculaire, et s'élève à travers des transformations successives, en passant par l'huître et le singe, pour arriver à l'état humanitaire. C'est toujours le royaume de la fantaisie et du rêve, *inania regna*.

C. — Rousseau, à l'appui de son système, crut trouver l'homme de la nature dans le sauvage ; et il le mit à la mode dans le siècle dernier. Le

---

(1) Le savant historien Cantu dit très bien : « Cette multitude de siècles doit être reléguée au rang des songes et des cabales. Ce qui reste ne s'écarte pas des saintes Ecritures qui, selon la version samaritaine, placent le déluge 35 siècles avant Jésus-Christ. » (*Hist. univ.*, IVᵉ époque, t. III, p. 338.)

sauvage était l'homme primitif et parfait; il avait toutes les vertus, moins les vices de l'homme civilisé (1).

L'observation détruit ces rêveries. Le sauvage, vu de près, est grossier, brutal, emporté par ses instincts, dominé par ses appétits. Un savant naturaliste, Lamanon, disait à La Pérouse, avec qui il avait abordé à l'île Samora : « Ces Indiens valent mille fois mieux que nous (2). » Le lendemain, il était massacré par ces bons Indiens et La Pérouse écrivait : « Les philosophes qui portent aux nues les sauvages, me mettent plus en colère que les sauvages eux-mêmes. » Voilà la réalité après le rêve (3).

---

(1) « De tous les peuples existants, les Caraïbes sont ceux qui se sont écartés le moins de l'Etat de nature. » (*Disc. sur l'inégalité.*) Or, à l'époque où Rousseau écrivait, les Caraïbes étaient cannibales.

(2) « Quant aux détracteurs de la civilisation et de la société qui, dans le siècle passé, voulurent nous faire envier la condition des sauvages, il faudrait les ranger parmi les romanciers et les utopistes, si on pouvait les croire de bonne foi. » (CANTU, *Hist. universelle*, t. XIII, p. 322.)

(3) « Une force secrète et primordiale pousse invinciblement les hommes à se réunir. Cet ins-

Le sauvage n'est point l'homme primitif, le début et le type de la race humaine, il en est, au contraire, la dégénérescence ; c'est l'homme déchu de sa nature, amoindri dans sa raison et ses facultés, et tombé dans l'abrutissement. Au physique comme au moral, il excite la pitié et le dégoût. « J'ai vu l'indien dans ses forêts, dit un observateur philosophe, et j'ai cru, en contemplant sa condition digne de pitié, que je voyais le dernier terme de la misère humaine. » (G. DE BEAUMONT, *l'Irlande*, tome I.)

Les sauvages ne sont pas venus à l'état où ils se trouvent par une évolution qui, partant de l'animalité, les aurait amenés à la raison ; ils ne sont que des familles détachées des centres de civilisation. Chez ces tribus dispersées et isolées, les idées religieuses et morales s'affaiblissent, l'intelligence s'obscurcit faute d'instruction, les traditions se perdent, le lan-

---

tinct précède chez l'homme toute réflexion ; il domine jusqu'aux peuples les plus sauvages ; et l'idée que l'homme de la nature vit solitaire, n'a jamais été qu'un paradoxe de philosophie, partout contredit par l'observation. » (FLOURENS, *De l'instinct et de l'intelligence des animaux*. Art. 5, p. 66, in-18. Paris, 1845.)

gage s'écourte, la raison s'oblitère, elles descendent par degrés dans la barbarie et arrivent à la dégradation abjecte des Caffres et des insulaires de la Polynésie.

Il faut remarquer pourtant que les sauvages tels qu'on les a rencontrés, ne sont pas, si dégradés qu'ils soient, dans cet état de nature abject décrit par Rousseau, où la raison n'est pas née, où la seule brutalité domine. Dans les steppes de la Tartarie, dans les savanes de l'Amérique, dans les déserts du Soudan ou de la Guinée, on trouve chez les tribus nomades, même les plus arriérées, un langage, quelques formes d'idées religieuses et de culte, quelques notions du droit de propriété, un certain respect des parents, des vieillards et des tombeaux, des chefs qui commandent, des sujets qui obéissent, en un mot des rudiments d'ordre social, et ce qu'on pourrait appeler avec de Haller « le droit social naturel ». (*Restaurat. de la science polit.* T. I, p. 9.)

D. — L'observation philosophique vient confirmer les assertions et les données de l'histoire. L'étude de l'homme, de sa constitution physique et intellectuelle prouve l'impossibilité de l'Etat de nature. L'enfant, le plus faible des êtres vivants à sa naissance, s'il restait livré à lui-même, incapable de se nourrir et de faire un pas, périrait misérablement. Sa mère peut le nourrir d'abord de son lait, mais elle-même a besoin de secours et de protection ; si le père errant dans les bois, ne lui vient en aide, c'est encore la misère et la mort. Ajoutez que les soins de l'enfant se prolongent pendant de longues années, où il ne peut vivre sans les secours assidus de ses parents. La race humaine, dans l'Etat de nature, serait donc condamnée à s'éteindre ; la vie même physique ne pourrait se transmettre ni surtout se prolonger.

Il en est de même de l'âme. La raison, chez l'homme, ne se développe qu'à force de soins. Les facultés de l'intelligence ne sortent du sommeil que par l'intervention de la société. Sans la lumière du langage et de l'enseignement, l'âme de l'enfant resterait dans les ténèbres. Et Rousseau place l'homme de la nature dans l'isolement des bois, et le suppose privé de la parole ! N'est-ce point là méconnaître les besoins de la nature humaine et les conditions essentielles de son existence intellectuelle ? Né dans l'Etat de nature, l'homme y serait resté éternellement. Comment, — et c'est l'aveu de

Rousseau, — aurait-il pu briser le cercle d'une ignorance brutale, pour arriver à un état dont il ne pouvait pas même avoir l'idée, et d'où il ne sentait pas le besoin de sortir (1)?

Ainsi l'individu reçoit de la société, avec la parole, la vérité qui éclaire son intelligence; mais de qui la société les tenait-elle elle-même? On voit bien, et l'histoire des traditions le constate, comment les peuples se sont transmis les vérités religieuses et morales, mais de qui elle

---

(1) V. les témoignages concordants de Herder, Benjamin Constant, Buffon, Gibelin, Humboldt, *Démonstrations évangéliques*. — Introduction, p. 1108-1110.

« Il ne faut pas imaginer un Etat de nature qui, dans le fait, n'a de fondement ni dans la philosophie ni dans l'histoire. » (Frédéric ANCILLON, *Essais de philosophie*, t. III, p. 94.) — « Loin de voir avec Rousseau et ses sectateurs, dans cet état des sauvages, même les plus doux et les moins grossiers, le commencement de l'humanité et le fondement de l'ordre social, loin de vouloir ramener les rapports sociaux vers cet idéal tant vanté d'un Etat de nature prétendu, nous ne pouvons y voir qu'une phase d'abrutissement et de dégénération. » (Fréd. SCHLEGEL, *Philosophie de l'hist.* 2ᵉ leçon, t. I, p. 50, in-8°, 1836.)

premier peuple et le premier couple humain les ont-ils reçues ? Ici, nous sommes forcés de dire qu'ils les tenaient de celui qui a créé l'homme, et qu'ainsi il y a eu à l'origine même, une première société entre Dieu et l'homme, une première révélation, et nous arrivons par une autre voie à la solution donnée par la Bible et par les traditions universelles de l'humanité.

E — Mais c'est précisément cette idée d'une intervention divine que la théorie de l'Etat de nature a pour but d'écarter. Ce qu'on se propose avant tout, c'est de construire la société hors des lois divines et sur la seule volonté de l'homme. L'athéisme est la base des systèmes de Hobbes et de Spinoza, qui en font l'aveu. Rousseau, dans ses écrits, repousse cette doctrine odieuse, mais sa théorie la suppose et y conduit. Rousseau est si bien dans la logique du système épicurien que dans le tableau qu'il trace de l'origine de la race humaine et de ses développements, il ne fait que reproduire les imaginations de Lucrèce. Prétendre, comme il le fait, que l'homme a été mis sur la terre, sans lois morales, sans langage, et avec les seuls instincts de la brute, n'est-ce point nier la sagesse et la bonté du Créateur ? Quelle idée peut-on avoir d'un Dieu qui pose et laisse sa créature dans un état si abject? C'est dire en d'autres termes que Dieu n'existe pas. Et encore, quand Rousseau descend à cet excès de mettre l'intelligence et la raison de l'homme au-dessous de l'instinct de la bête et d'admettre sa parenté avec l'orang-outang, n'est-ce pas dégrader la créature humaine, effacer les caractères distinctifs qui la séparent de l'animalité, et ouvrir, toute grande, la porte au matérialisme ?

Aussi, tous les systèmes qui font partir l'homme de l'Etat de nature, forment-ils encore la base des doctrines matérialistes et athées de notre temps. « Mais enseigner, dit très bien un sage écrivain, que l'homme est sorti d'un animal, qu'il est le résultat des évolutions de la nature, c'est nier Dieu, l'âme, la vie à venir, la distinction du bien et du mal, la conscience, la liberté et la responsabilité humaines, c'est détruire les bases du christianisme, de toute société spiritualiste et de la civilisation. » (LOUDUN, *Les ignorances de la science*, 4ᵉ partie, p. 174, in-12, 1878.)

11. — LA SOCIÉTÉ POLITIQUE, — SA DÉFINITION, — SA NÉCESSITÉ.

L'Etat est l'ensemble des institutions, la forme de l'association politique. Les anciens l'appelaient chez les Grecs πολις, ville, cité, patrie ou l'état ; à Rome, on disait : *res publica*, la chose publique ; *civitas*, la ville, la cité ou société civile ; *imperium*, l'empire, le pouvoir ; *regnum*, le gouvernement. Tous ces mots, par leur étymologie, donnent une idée exacte de ce que nous entendons par l'Etat (1).

La famille, considérée dans sa constitution et ses lois essentielles, n'est point une œuvre humaine, mais une création de la nature, c'est-à-dire de Dieu, auteur des lois de la nature. Mais la famille n'est point le dernier terme des

---

(1) « Cité et ville, en latin *civitas*, n'étaient pas des mots synonymes chez les anciens. La cité était l'association religieuse et politique des familles et des tribus. La ville, *urbs*, était le lieu de réunion, le domicile et surtout le sanctuaire de cette association. » (FUSTEL DE COULANGES, *La cité antique*, liv. III, ch. IV.)

vues du Créateur ; et au-dessus d'elle, il a voulu qu'il existât une société plus vaste qui a pour but de relier les familles entre elles, et de les fondre dans une commune et forte association.

Les familles diverses ont des besoins et des intérêts communs, mais en même temps des intérêts opposés et des passions contraires qui entraîneraient leur ruine, s'il n'y avait pas au-dessus d'elles une force supérieure, un pouvoir général chargé de protéger et en même temps de concilier leurs intérêts, de prévenir et de réprimer les luttes, de diriger leurs tendances particulières et de les faire tourner au bien commun. Ce pouvoir se forme par la création de la société politique qui est une condition nécessaire de la civilisation intégrale de l'humanité.

Si la société familiale est absolument nécessaire pour la naissance et la conservation des individus, la société civile ne l'est pas moins pour l'existence et la conservation des familles, car sans elle, ni l'individu ni la famille ne sauraient arriver à leur plein et entier développement. Les arts, les sciences, l'industrie, ne peuvent fleurir que dans les grandes sociétés. Les familles isolées construisent des cabanes et restent à l'état sauvage ; les familles réunies et civilisées bâtissent des villes et des palais. Hors de la famille, l'homme n'est plus qu'une brute et qu'un crétin ; hors de la société politique, il croupit dans la vie sauvage et tombe dans la barbarie.

La société civile considérée en général, et abstraction faite des formes qu'elle revêt, est donc un fait nécessaire, et une conséquence des lois naturelles. C'est une suite des forces et des tendances et du principe de perfectibilité que Dieu a déposés dans la nature humaine. C'est la forme complète de la sociabilité, et nous sommes autorisés à conclure que Dieu est l'auteur de la société politique, parce que c'est lui qui l'a voulue et qui en a fait une condition essentielle de l'ordre social tel qu'il l'a conçu.

Il suit de là que la société politique ne dépend pas uniquement des volontés des contractants bien qu'elles aient contribué à l'établir, et ne saurait être assimilée, par exemple, aux sociétés commerciales et industrielles. Celles-ci ont leur raison d'être dans l'utilité et la volonté des associés, et ces deux conditions cessant, elles sont légitimement dissoutes.

Mais la société politique, quoique déterminée dans une certaine mesure par l'assentiment de ses membres, est fondée sur une loi plus haute, sur la nécessité de cet état pour l'existence complète des familles. Les contractants n'ont donc pas le droit de dissoudre la société politique, car cette dissolution entraînerait la ruine sociale. Et ceci se prouve par ce fait que si, par suite d'une révolution, la forme politique vient à disparaître, elle se reforme immédiatement et par la force naturelle des choses.

12. — FORMATION HISTORIQUE ET NATURELLE DE L'ETAT.

C'est dans l'histoire qu'il faut étudier les origines et le développement de la société politique, et suivre l'action des lois naturelles. Ici ce sont les faits qui parlent, et l'on échappe aux dangers des hypothèses et des vues particulières. Nous avons déjà fait cette étude au point de vue de la société en général, — chap. IV, art. 1, 2, 3 et 4, — et nous avons vu l'humanité partant de la famille, le pouvoir du père se transformant insensiblement en pouvoir politique, et donnant ainsi la raison de ce fait que la forme monarchique se montre le plus souvent la première et comme la plus naturelle évolution de la société. La cause de cette organisation est dans la préexistence du père, et l'influence de la multitude y est à peu près nulle.

Mais nous avons aussi constaté que la famille s'élève aussi aux formes de la tribu, de la curie, du clan et nous avons reconnu le caractère très général de cette évolution.

Ces diverses associations primitives, unies par une origine commune, ont chacune leur organisation particulière, un culte, un autel, un prêtre, des assemblées et des délibérations communes, des chefs reconnus, un gouvernement, un tribunal et un droit de justice sur les associés. C'est déjà une petite société politique, et, comme dit Bossuet, « l'image d'un petit royaume ». Le mouvement n'a qu'à suivre son cours ; l'union de plusieurs familles avait formé la tribu ; le jour où plusieurs tribus s'unirent entre elles, la cité exista.

Comment s'opéra la confédération des tribus ? C'est ce qu'il est facile de conjecturer par la réflexion appuyée sur les enseignements de l'histoire.

Cette union fut très souvent volontaire, quoique déterminée par des motifs et des faits impérieux. Ainsi les tribus y furent poussées par les avantages d'une association plus étendue, par le besoin de gérer leurs intérêts communs et de se défendre contre les agressions de tribus voisines et plus puissantes.

L'union dut aussi se faire par la prépondérance d'une tribu, par l'ascendant naturel d'un chef s'élevant au-dessus de ses pairs, et s'imposant par son génie ou par la force des armes, et même par un chef étranger paraissant à la tête d'une colonie puissante et s'érigeant en législateur, comme on le voit par l'histoire de Cécrops, fondateur d'Athènes.

Toutes les cités ne se sont pas formées de la même manière, mais nulle part, dans l'histoire, on ne voit, à l'origine des états, cet appareil, imaginé par certains écrivains politiques, d'une foule disparate et sans lien social antérieur, sortant des forêts, et s'unissant par une convention en société politique. L'histoire, il est vrai, nous montre des révolutions qui changent l'état politique d'un peuple, des empires détruits et reformés, une autre nationalité qui se constitue sur les ruines d'une nation ; mais nulle part on ne voit la transition d'un état inconstitutionnel à l'état constitutionnel.

Quand un peuple est constitué, le temps amène souvent des modifications dans les formes du gouvernement. Des besoins nouveaux, des changements dans les mœurs et les rapports sociaux, des faits violents qui brisent l'organisation politique, l'extinction d'une dynastie, nécessitent une transformation de l'organisme politique. Alors un législateur peut s'élever qui propose ou impose au peuple un nouveau code public. Alors aussi les forces sociales déjà constituées peuvent se mettre en mouvement, et après des délibérations communes, adopter les changements jugés nécessaires. Un état nouveau surgit qui est le produit d'une convention, d'un contrat politique même, si l'on veut se servir de ce mot en ce sens restreint, mais il y a loin de là au système moderne qui fait naître toute société politique de la volonté des masses, et ne reconnaît d'autre base légitime des Etats que les conventions (1).

---

(1) Hutcheson lui-même déclare (*Système de Philosophie morale*, liv. III, ch. v, § 4) « que les Etats peuvent être justement formés sans un con-

Dans l'établissement de la société politique, il y a toujours une part laissée à la volonté humaine ; il y a consentement des membres qui la composent, soit qu'ils se réunissent librement pour en déterminer les conditions, soit qu'ils ne fassent qu'accéder à l'association déjà existante, soit qu'ils se soumettent par leur acceptation et avec le temps au gouvernement imposé par la conquête. Le consentement formel ou tacite existe toujours ; mais il ne s'ensuit pas que cette adhésion seule crée la société ; elle ne fait que concourir avec l'action des lois supérieures qui ont leur source et leur raison dans la volonté de celui qui a créé

---

sentement préalable, et qu'un consentement préalable n'est pas toujours obligatoire. » M. Cousin ajoute : « Les hommes n'ont pas besoin de conventions et de contrats préalables pour se rechercher, s'aimer et se respecter, pour mettre en commun leurs droits et leurs misères, former des sociétés naturelles, et instituer des gouvernements dont la mission est manifeste, alors même que tous les membres d'une société n'auraient pas concouru à leur établissement. » (*Cours de Philos. moderne*, 1819, t. IV, p. 127, in-12, 1846.)

l'homme pour la société et qui a établi les premières lignes du plan social.

Ainsi, dans les combinaisons chimiques, le manipulateur qui met en mouvement la pile de Volta, est l'occasion et même en partie la cause du courant électrique ; mais l'impulsion une fois donnée, c'est à son insu et d'après les lois de l'affinité moléculaire que les atomes de la matière s'agrègent ou se séparent. De même dans la formation du corps politique, les volontés des contractants donnent le branle, mais c'est en vertu de lois plus hautes que l'agrégation sociale se forme et c'est là qu'elle trouve sa force et sa sanction.

De même la famille n'existe que par la parole que se donnent les deux époux, leur consentement en est la condition et l'acte qui la forme, mais ce ne sont pas les époux qui font les lois de la famille ; il ne dépend plus de leur volonté, ou du moins ils n'ont pas le droit de dissoudre leur contrat, parce que leur association est dominée par les lois divines qui veulent la naissance et la conservation de l'enfant.

Ainsi, la société civile est établie à l'origine par le consentement des associés, mais leur association se règle et se perpétue en vertu des lois naturelles et divines qui ont pour but d'assurer la vie et le repos des nations.

13. — Théorie rationaliste sur la formation de la société politique. — Du contrat politique.

La théorie qui place dans un contrat l'origine de toute société civile et la fait dériver de la volonté arbitraire de l'homme, ne remonte guère qu'au XVIe siècle. C'est dans le protestantisme qu'elle a trouvé son principe, c'est avec l'évolution de l'idée protestante qu'elle grandit, c'est dans les écrivains protestants qu'elle prend sa formule rigoureuse et pour ainsi dire scientifique.

La Réforme, par l'organe de Luther, posait l'individu comme souverain dans l'ordre religieux. La raison de chaque homme était sa seule loi ; l'examen particulier était le régulateur des croyances et des dogmes. Emancipation, affranchissement de toute autorité religieuse fut le cri des réformateurs de toutes nuances. Luther écrivait : « Ni le Pape, ni l'évêque, ni aucun homme n'a le pouvoir d'obliger le chrétien, si ce n'est de son consentement. Oui, je le crie aux chrétiens, ni les hommes, ni les anges ne peuvent leur imposer aucune loi, qu'autant qu'ils le veulent, car nous sommes libres de toutes lois. » (*De captivitate Babylonis.*) Et la même doctrine se trouve à chaque page de ses écrits et de ceux de Calvin.

Bientôt, il fit lui-même l'application de son principe dans l'ordre politique, contre l'empereur Charles-Quint : « N'oublions pas que l'empereur est la tête du corps, du royaume temporel, et que chaque individu est membre du corps social qu'il doit défendre et protéger sous peine de se suicider lui-même. » (*Avertissement aux Allemands.*) Et ailleurs, s'élevant au paroxysme de la fureur : « L'empereur ne doit pas être plus longtemps supporté ; qu'on l'assomme et le Pape avec lui. C'est un fou enragé, un chien sanguinaire qu'il faut tuer à coups de pique et de bâton. » (*Opera Lutheri*, t. VII, cité par Audin, t. III, ch. xxv.) Ainsi la logique de son principe conduisit Luther à donner un droit à chaque homme contre le pouvoir social et à légitimer la révolte et le meurtre politique au nom de la souveraineté de l'individu.

L'organisation des églises protestantes fut établie d'après ce principe de l'omnipotence de l'individu. Chaque fidèle concourait à l'élection des pasteurs, c'est de la volonté de la communauté que le pasteur tenait son pouvoir et son sacerdoce. On arrivait ainsi par une pente naturelle, à cette conséquence que du peuple, de la somme des individus émanait aussi le pouvoir dans l'Etat, et que le plus grand nombre, la majorité, constituait seule la société politique.

Déjà, au XVIIe siècle, le ministre Jurieu proclamait la théorie des pactes (*Lettres contre l'Hist. des variations*, lettre 15), qui avait été déjà formulée par le protestant Hobbes. Jurieu alla même jusqu'à soutenir que la famille elle-même reposait sur une convention qui lui donnait toute sa force. C'était donc la révolution en haut et en bas (1).

Cette idée d'un pacte social se trouve partout où l'influence de la Réforme s'est fait sentir, mais surtout chez les écrivains politiques de

---

(1) Rousseau a dit de même plus tard : « La famille ne se soutient que par convention. » (*Contrat social*, liv. I, chap. ii.)

l'Angleterre et de l'Allemagne. Après Hobbes et Spinoza, qui la formulent d'une manière radicale, elle se montre chez Grotius et Puffendorf qui, plus timides, n'en admettent pas toutes les conséquences, et s'efforcent souvent de les atténuer. En Angleterre, Sidney et Locke la propagent. Elle passe bientôt en France et inspire les écrits de Mably, de Condillac et des encyclopédistes. Systématisée par J.-J. Rousseau, elle passe à l'état de dogme dans l'école révolutionnaire, et elle est appliquée par les républicains et les jacobins depuis un siècle chez nous et dans toute l'Europe.

14. — Exposition de la théorie des pactes. — Réfutation.

Le contrat politique, posé à l'origine de toute société politique, est une hypothèse en contradiction avec l'histoire de tous les peuples. Parmi les fauteurs du système, les uns le représentent comme le moyen indispensable de passer de l'état de nature sauvage à la société civile ; mais cet état de nature étant chimérique, il est oiseux de faire la supposition d'un contrat qui n'a jamais pu avoir d'application, et dont on ne trouve aucune trace dans l'histoire.

D'autres avouent que cette origine des Etats est historiquement fausse, mais ils maintiennent cette idée comme une fiction utile pour déterminer les droits sociaux et en assurer la garantie. Ils disent que bien que les Etats ne se soient pas formés de cette manière, ils auraient pu et dû se former ainsi. C'est ce qu'ils appellent la formation *juridique* de la société politique. Ainsi, par abstraction, ils dissolvent la société et la reconstruisent sur les données d'un contrat émané de la volonté de chaque individu.

Mais cette hypothèse philosophique laisse libre carrière aux abstractions de chaque écrivain politique, et n'est pas sans danger pour la paix des sociétés qu'il faudrait ramener plus ou moins violemment aux conceptions des théoriciens. C'est ce qu'on voit aujourd'hui où chaque rêveur se croit en droit d'élaborer son plan de constitution et d'y faire entrer de force la société. Ils dissèquent la société au risque d'en détruire l'organisme vital. La société est un corps organique vivant qui naît, croît et se développe sous l'action des lois naturelles ; et ils en font une masse composée de molécules inertes et retenues par une simple force mécanique. (*Faciamus experimentum in anima vili.*)

Le *Contrat social* est l'évangile de la démocratie révolutionnaire. C'est là qu'il faut aller chercher la formule la plus complète, la plus autorisée de la théorie, et pour ainsi parler, la formule classique.

Rousseau (*Contrat soc.*, liv. I, chap. vi) pose ainsi la question : « Trouver une forme d'association qui défende et protège de toute la force commune, la personne et les biens de chaque associé, et par laquelle chacun s'unissant à tous, n'obéisse pourtant qu'à lui-même et reste aussi libre qu'auparavant, tel est le problème fondamental dont le contrat social donne la solution (1). »

---

(1) Le principe du système est l'*aliénation totale* des droits de l'individu à la communauté. Or, « l'homme ne peut ni aliéner ses droits naturels, ni les modifier d'aucune manière. Le droit est le pouvoir de remplir son devoir, et le devoir, à son tour, dérive de la loi divine, de la volonté supérieure du Créateur. Pour aliéner ou modifier un droit naturel, il faudrait donc détruire ou modifier le devoir, et par conséquent la loi, la volonté supérieure ; ce qui répugne. » (CLÉMENT, *Phil. de la Bible*, 2ᵉ partie, ch. xxxiv, t. II, p. 353.)

« Les clauses du contrat bien entendues se réduisent toutes à une seule, savoir, l'aliénation totale de chaque associé avec tous ses droits à toute la communauté.

« Si donc on écarte du pacte social ce qui n'est pas de son essence, on trouvera qu'il se réduit aux termes suivants : chacun de nous met en commun sa personne et toute sa puissance sous la suprême direction de la volonté générale ; et nous recevons en corps chaque membre comme partie indivisible du tout. »

Cette aliénation totale de l'individu et son absorption dans la communauté semble avoir donné quelque remords à Rousseau (1). Aussi y est-il revenu au liv. II, ch. IV : « On conçoit que tout ce que chacun aliène par le pacte social, de sa puissance, de ses biens et de sa liberté, c'est seulement la partie de tout cela dont l'usage importe à la communauté. »

---

(1) Rousseau dit (liv. Ier, ch. VIII) : « Ce que l'homme perd par le contrat social, c'est sa liberté naturelle ; » et (liv. II, ch. V) : « Et quand le prince lui a dit : Il est expédient à l'Etat que tu meures, il doit mourir. » Mais les contradictions sont à chaque page du livre.

Voilà une restriction, qu'il s'empresse de détruire, car, ajoute-t-il aussitôt, « mais il faut convenir aussi que le souverain seul est juge de cette importance ». Ainsi, il n'y a rien de fait, et tout est remis au despotisme de l'Etat. Hobbes et Spinoza n'ont pas mieux dit.

Il faut maintenant faire ressortir les contradictions et les impossibilités de cette théorie.

A. — Il s'agit de trouver un système d'association où chaque membre reste aussi libre après son engagement qu'auparavant ; et le moyen, c'est que chaque homme mette entre les mains de la communauté, ses biens, sa personne, sa volonté, tous les droits qu'il possède. Le moyen est au moins singulier. Tout donner, se faire esclave de la communauté pour se trouver aussi libre qu'avant, dans cet état « où, selon Rousseau, l'homme avec sa liberté naturelle a un droit illimité à tout ce qui le tente et qu'il peut atteindre. » (Liv. II, ch. viii.)

Ainsi l'homme n'est plus qu'une chose ; la communauté lui fait à son gré sa part de droit et de liberté. En retour, Rousseau lui accorde un droit égal de suffrage dans les délibérations communes. Ce sera une maigre compensation ; sa voix sera comptée, mais si la majorité l'emporte contre lui, le voilà livré tout entier aux décrets de cette majorité qui a le droit de tout faire, et il reste sans recours logique contre elle. Et comme cette pluralité est mobile et s'accroît chaque jour de nouveaux membres, il devient le jouet d'un despotisme ondoyant et d'une tyrannie légale et sans frein.

Ajoutez que cette cession de soi-même est telle qu'elle ne peut plus être reprise. Il n'est plus au pouvoir de chaque membre de se retirer du contrat. « Quiconque, d'après Rousseau, refusera d'obéir à la volonté générale y sera contraint par tout le corps ; ce qui ne signifie autre chose sinon qu'on le forcera d'être libre. » (Liv. II, chap. vii.) — Etre forcé d'être libre !... La plaisanterie est lugubre !

Aliéner ses droits, sa personne, sa volonté ! Quel langage dans la bouche d'hommes qui ne parlent que de liberté et d'indépendance !

Mais cette aliénation est-elle raisonnable ? Est-elle même possible ? Et d'ailleurs n'y a-t-il pas des droits inaliénables parce que ce sont des devoirs imposés par la loi naturelle et divine ? Le droit des époux l'un sur l'autre, l'indissolubilité du lien conjugal, le droit du père de famille sur l'éducation de ses enfants, le droit de pratiquer sa religion, sont-ils des droits qu'on puisse abdiquer?

B. — Rousseau n'est point athée ; dans ses écrits en général, et même dans son *Contrat social*, il reconnaît une loi supérieure de justice. (Liv. II, chap. vi.) — Mais dans l'exposition de sa théorie politique, il part de principes qui contiennent des conséquences tout opposées, et toute la force morale de son échafaudage repose sur des conventions.

« L'ordre social, écrit-il, est un droit sacré qui sert de base à tous les autres. Cependant ce droit ne vient point de la nature : il est donc fondé sur des conventions. » (Liv. I, chap. i.)

« Le passage de l'Etat de nature à l'état civil produit dans l'homme un changement très remarquable, en substituant dans sa conduite la justice à l'instinct, et donnant à ses actions la *moralité* qui leur manquait auparavant... Alors seulement la voix du devoir succède à l'impulsion physique, et le droit à l'appétit... Ses facultés s'exercent et se développent... son âme tout entière s'élève, à tel point que, si les abus de cette nouvelle condition ne le dégradaient souvent au-dessous de celle dont il est sorti, il devrait bénir l'instant heureux qui l'en arracha pour jamais, et qui d'un animal stupide et borné fit un être intelligent et un homme. » (Liv. I, chap. VIII.)

Ainsi le contrat politique est la source et la raison des droits et des devoirs, de toute moralité. Le nombre, la pluralité crée la justice ; ce que la majorité décrète est sacré, ce qu'elle proscrit est injuste. C'est donc placer dans les volontés collectives des hommes la règle de la justice et du droit, qui flottera au gré de la fantaisie du peuple. Mais s'il n'y a pas une loi supérieure et divine, d'où viendra pour les contractants l'obligation de rester fidèle à l'association. Où le contrat puisera-t-il sa force et son autorité ? Il n'y a plus d'autre lien pour le maintenir que la force brutale exercée par la communauté.

C. — Insistons sur ce point. Le pacte ne repose que sur la volonté des associés ; mais la volonté de l'individu ne peut lier les autres, et même il ne peut se lier lui-même d'une manière absolue et irrévocable. Il ne saurait donc résulter de la convention une autorité sociale ferme et durable. Tout cela est bâti sur le sable.

Le pacte est déterminé par l'intérêt particulier de chaque associé ; mais les intérêts sont mobiles et divergents ; il y a là un principe d'antagonisme et de dissolution. Si l'individu juge que son intérêt particulier est lésé, il doit être libre de rompre son engagement et de se retirer de l'association. C'est ce que Rousseau lui-même reconnaît : « Les clauses du contrat sont tellement déterminées par la nature de l'acte, que la moindre modification les rendrait vaines et de nul effet ; en sorte qu'elles sont partout tacitement admises et reconnues, jusqu'à ce que, le pacte social étant violé, chacun rentre alors dans ses premiers droits, et reprenne sa liberté naturelle, en perdant la liberté conventionnelle pour laquelle il y renonça. » (Liv. I, chap. VI.) — Et qui jugera quand les clauses du contrat sont violées ?... Chaque individu sans doute. Et alors que devient la force de la convention ?

Mais ce qu'on dit des individus, il faudra le dire encore des aggrégations sociales.

Une famille, une ville, une province, toute fraction de la communauté, seront toujours libres, et auront logiquement le droit de sortir du pacte d'union. L'unité nationale ne repose donc pas sur une base fixe, et reste à chaque instant révocable et dépendante de la volonté des contractants.

Quand on accorderait à Rousseau que les individus sont liés par leur consentement, il serait bien forcé du moins de reconnaître que leur volonté ne peut lier les générations futures. C'est, du reste, ce qu'il avoue lui-même : « Quand chacun pourrait s'aliéner lui-même, il ne peut aliéner ses enfants, ils naissent hommes et libres, nul n'a le droit d'en disposer qu'eux... Il faudrait donc, pour qu'un gouvernement arbitraire fût légitime, qu'à chaque génération, le peuple fût le maître de l'admettre ou de le rejeter, mais alors ce gouvernement ne serait plus arbitraire. » (*Contrat social*, liv. I, chap. IV.) Il y aurait donc lieu à ouvrir des assises et délibérations populaires sur ce point à l'arrivée de chaque couche de la population à l'âge de raison, afin que nul ne vécût sous des lois qu'il n'aurait point faites ou reconnues (1). Quelques-uns ont tiré hardiment la conséquence du principe. Condorcet voulait une convention nationale tous les vingt-cinq ans (*Sur les con-*

---

(1) Jefferson, président des Etats-Unis, a dit que « les peuples peuvent s'engager seulement pour la durée d'une génération, et que tous les dix-neuf ans, ils étaient en droit de changer leur constitu-

ventions nationales, 1791), et Mercier avait dit déjà dès 1787 : « Il faut tous les vingt-cinq ans une refonte générale des sociétés. » (*Les notions claires*, 1787.) — Et ils ne demandaient pas encore assez !

D. — Le contrat suppose encore qu'il n'existe point de droits antérieurs au pacte qui les crée, que l'homme en dehors de toute convention ne doit rien à un autre. Mais il lui doit les devoirs de l'humanité ; l'humanité dont tout homme participe, entraîne des droits et des devoirs réciproques. Pour nier cela, il faudrait penser que le genre humain est né fortuitement, et qu'il n'y a pas au-dessus de lui une loi naturelle émanée de la raison divine.

E. — Le pacte est formé par des hommes sortant de l'état de nature sauvage, tous égaux, tous indépendants. C'est une supposition fausse. Les contractants considérés comme

---

tion et de faire banqueroute. » (Cité par Claudio JANNET, *les Etats-Unis*, t. I, p. 54, in-18, 3ᵉ édit.) — L'Etat de l'Illinois a mis dans sa récente constitution que, tous les dix ans, il y aurait obligatoirement une revision constitutionnelle. (*Id., ibid.*)

participants de la nature humaine, sont égaux sous ce rapport, mais les individus par leurs facultés physiques et morales sont constitués dans un état d'inégalité ; l'un plus fort, l'autre plus intelligent ou plus vertueux ; les enfants n'étant pas sur le même pied que leurs pères. Comment donc supposer et où trouver dans la réalité une telle situation ?

Ce qui est vrai de par la raison et l'histoire, c'est que les individus n'arrivent à la société civile que par la société familiale, qui est l'élément primordial de la cité ; et c'est pour cela que la famille a des droits antérieurs que les lois civiles ne peuvent détruire, et que leur premier devoir est de reconnaître et de protéger.

F. — On peut demander quelles personnes doivent concourir au pacte social. Le principe du système est qu'on y est admis en tant qu'on participe à la nature humaine. Si on ne reconnaît ce droit qu'aux pères de famille, que devient le grand principe de l'égalité ? Dès lors, il faut admettre comme contractants les femmes et les enfants en âge de raison. Les partisans du système ne s'accordent point sur cela. Rousseau, s'il était conséquent, devrait le reconnaître, car, dit-il (*Cont. soc.*, liv. I, ch. II.), « Sitôt que l'homme est en âge de raison, lui seul étant juge des moyens propres à se conserver, devient par là son propre maître. » Mais je ne trouve nulle part qu'il s'en soit expliqué.

Puffendorf dit que « les femmes, les enfants, les serviteurs ne sont point citoyens. » (*De jure nat.*, liv. VII, cap. II, § 20.) Sidney ne reconnaît ce droit qu'aux propriétaires et possesseurs de francs-fiefs. (*Disc. sur le gouvern.*, chap. III.) Kant exclut de l'association tous ceux qui ne sont pas indépendants et qui reçoivent d'autrui les moyens d'existence, la nourriture et la protection. (*Eléments de jurisprud.*, p. 167.) Sieyès ne saurait admettre qu'un vagabond, un mendiant, un domestique, et tout ce qui est sous la dépendance d'un maître soient chargés de la confiance politique des peuples et puissent figurer parmi les représentants de la nation ; et quant aux femmes, il se contente de dire : « Les femmes en sont partout bien ou mal exclues. » (*Qu'est-ce que le Tiers-Etat ?* Chap. III, § 1er.) Mais Condorcet a soutenu que les femmes devaient être admises au droit de cité (*Journal de 1789*, n° 8). Et de nos jours, la thèse de l'émancipation politique des femmes a rencontré de nombreux partisans ; ce sont les plus conséquents.

G. — La théorie aboutit logiquement à établir la multitude souveraine absolue ; elle reconnaît à chaque homme le droit de se gouverner par lui-même. De plus, le peuple peut, à son gré, changer l'ordre social ; et l'insurrection contre le pouvoir est un droit et même parfois un devoir. Et ainsi le système aboutit par toutes ces voies à la démocratie la plus radicale, et à la plus complète anarchie.

Le droit de la multitude à se gouverner étant reconnu inaliénable, et d'un autre côté, la volonté ne pouvant se déléguer — Rousseau a développé tout cela dans son livre, — il suit que le gouvernement direct du peuple est seul légitime, et que toute délégation du pouvoir est illogique. La monarchie à vie ou héréditaire, une présidence même à temps limité, sont en opposition avec le principe fondamental de la théorie. L'Etat est donc, pour ainsi dire, suspendu dans le vide, et ne peut sortir d'un provisoire éternel.

H. — Enfin, le système porte en germe, dans ses flancs, le socialisme. Et d'abord, l'égalité des droits politiques ne peut s'accorder avec une trop grande inégalité dans les fortunes (1). Aussi c'est un fait que dans toutes les démocraties, on a cherché à opérer l'égalité des fortunes par le partage des biens ou par des lois tendant indirectement à ce but. On peut voir dans Montesquieu le tableau de ces mesures prises par les législations démocratiques. (*Esprit des lois*, liv. V, chap. IV, V, VI.) Babœuf et les sophistes révolutionnaires, depuis 93 jusqu'à nos jours, n'ont été que conséquents en revendiquant l'établissement du socialisme égalitaire par les confiscations, par l'impôt progressif et la remise aux mains de la communauté de toutes les fortunes particulières.

D'un autre côté, la tendance de chaque homme est l'agrandissement de sa fortune

---

(1) Rousseau a posé un principe plus radical : « Dans le fait, les lois sont toujours utiles à ceux qui possèdent, et nuisibles à ceux qui n'ont rien ; d'où il suit que l'état social n'est avantageux aux hommes qu'autant qu'ils ont tous quelque chose, et qu'aucun d'eux n'a rien de trop. » (*Cont. social*, liv. I, ch. IX.) Donc, il faut ôter à ceux qui ont trop. Mais qu'est-ce qu'avoir trop ?

et des jouissances ; or, les prolétaires et les petits propriétaires sont toujours en majorité, et si le pouvoir est entre leurs mains, comme dans tout Etat démocratique, ils feront toujours effort pour ébranler à leur profit le droit de propriété et le transformer au gré de leurs cupidités.

En outre, on pose en principe l'omnipotence de l'Etat dépositaire et régulateur de tous les droits. C'est la volonté commune qui donne naissance au droit de propriété et la modifie à son gré ; il n'y a aucun compte à tenir des faits historiques et des situations sociales acquises ; l'égalité absolue des membres de l'association est à la base du système ; et ainsi la voie est large ouverte aux revendications radicales et au socialisme dans toutes ses nuances.

La saine philosophie et l'histoire s'accordent pour affirmer que la société est voulue et exigée par la nature et que les théories des pactes ne sont pas moins en contradiction avec les faits qu'avec la raison.

Et cette conclusion est sanctionnée par ces paroles du Pape Léon XIII, sur *la constitution chrétienne des Etats* : « Ceux qui veulent que la société civile ait pris naissance par le libre choix de la volonté des hommes, font dériver l'autorité de la même source. Chacun, disent-ils, s'est dessaisi d'une portion de sa souveraineté pour se placer volontairement sous la puissance de celui en qui la somme de tous les droits ainsi aliénés, se retrouverait.

« C'est une grande erreur de ne pas voir que les hommes, n'étant pas une race sauvage, sont faits par la nature pour vivre en société.

« En outre, ce pacte social qu'ils prônent, est manifestement faux et supposé (*fictitium*).

« Il ne peut procurer au pouvoir politique la force, le prestige et la stabilité nécessaires pour défendre la société et pourvoir au bien de ses membres. » *(Encyclique « Immortale Dei »)* (1).

---

(1) Un écrivain nourri des idées de J. de Maistre a écrit : « La souveraineté, comme la société, est d'institution divine. Les hommes n'ont pas plus décrété le pouvoir qu'ils n'ont décrété la société. Nécessaire au maintien de l'ordre social, le pouvoir a sa raison d'être dans cette nécessité. » (*J. de Maistre*, par Louis MOREAU, in-12, p. 383. — 1879).

15. — Origine du pouvoir considéré en général

L'autorité est le principe régulateur du monde moral, la raison et la condition de l'ordre entre les êtres, la loi primordiale de l'univers.

L'autorité dans sa notion essentielle est le droit d'ordonner, de commander, d'où suit le devoir corrélatif d'obéir. C'est ce qu'on appelle aussi la souveraineté, le pouvoir.

Or, Dieu est l'*auteur* de tout, le souverain universel. Tous les êtres qu'il a créés sont sous sa dépendance ; il les gouverne par ses volontés générales qui sont ses lois. Dieu a donc l'*autorité* dans sa plénitude, et c'est de lui qu'elle découle, selon les lois générales, lorsque les êtres sont constitués dans des rapports hiérarchiques de supériorité et d'infériorité.

Ainsi le père est le premier *auteur* de la famille, il a donc l'autorité domestique, il est souverain dans cette sphère, en vertu des lois établies de Dieu pour la propagation et la conservation du genre humain.

Il en est de même dans l'ordre social politique. L'autorité y naît lorsque les membres de l'association sont constitués dans des rapports de subordination ; et cette souveraineté vient de Dieu. C'est le sens de cette parole de saint Paul : « *Non est potestas nisi à Deo ; quæ autem sunt, à Deo ordinatæ sunt* (Rom. XIII, 1). Il n'y a point de puissance qui ne vienne de Dieu, et celles qui existent sont ordonnées de Dieu. »

Ici, l'origine divine du pouvoir en général est nettement posée ; toute puissance vient de Dieu, le pouvoir est de droit divin.

Mais pour bien déterminer le sens de la doctrine de l'Apôtre, il importe de rappeler les principes qui dominent cette question.

L'homme est essentiellement fait pour vivre en état de société. C'est dans le sein de la société qu'il naît, se conserve, se perfectionne et se perpétue ; vivre en société est évidemment une de ses lois naturelles. L'état de société ressort des propensions de sa nature, de ses besoins, et on pourrait dire de ses instincts. Dieu en a, pour parler ainsi, enté le principe dans la nature humaine par les éléments de sociabilité qu'il a mis dans l'âme de tous les hommes. « Mais, dit saint Augustin, s'il n'y a rien de plus sociable que l'homme par sa nature, il n'y a rien de plus insociable par ses passions. *Nihil enim est quàm hoc genus tam discordiosum vitio, tam sociale natura.* » (*De civitate Dei*, lib. XII, cap. XXVII.) De là, la nécessité d'un pouvoir central, d'une force coactive qui refrène les volontés discordantes et les ramène à l'ordre.

Dieu veut que les hommes vivent dans l'ordre et la paix. Il est souverainement sage, et quand il se propose une fin, il veut les moyens qui y conduisent. Or, un gouvernement, un pouvoir, voilà pour la société la condition nécessaire de son existence. Dieu veut donc qu'il y ait un pouvoir public, puisqu'il faut que la société soit gouvernée ou qu'elle se dissolve et tombe dans l'anarchie. Le pouvoir politique en général est donc d'institution divine, comme la société elle-même, et c'est là ce qu'on entend quand on dit qu'il est de droit divin.

Tous les gouvernements, en ce sens, quelles que soient les formes du pouvoir, lorsqu'elles sont régulièrement établies, sont donc de droit divin, parce qu'ils sont dans la sphère des lois naturelles qui sont l'expression des volontés divines.

Ainsi entendue, cette théorie doit être acceptée par tous les philosophes qui reconnaissent Dieu et sa souveraineté dans l'ordre moral. Elle ne saurait être rejetée que par les rationalistes qui font de Dieu un roi fainéant relégué dans les régions de l'espace, et par les athées depuis Spinoza jusqu'à Proud'hon.

Il faut dire que parfois le droit divin a été pris dans un sens plus étroit. Dieu, dans cette opinion, donnerait le pouvoir à telle personne, à telle famille par une action surnaturelle et en dehors des lois générales de sa Providence. C'est ainsi qu'il gouvernait le peuple hébreu, dont il choisissait les chefs par une manifestation particulière de ses volontés. C'est ainsi que les Pasteurs de l'Eglise sont institués en vertu des lois établies par Jésus-Christ qui leur confère le pouvoir par une investiture surnaturelle. Cette théorie a été soutenue par un certain nombre d'écrivains politiques et de théologiens, et c'était, paraît-il, la thèse soutenue par le roi d'Angleterre Jacques Ier et qui a fait un certain bruit, au XVIe siècle, dans les écoles de théologie.

Mais ce sentiment n'a pu prévaloir, et les docteurs et jurisconsultes les plus éminents s'accordent à dire que si l'institution du pouvoir ne vient pas d'un ordre exprès de Dieu, elle a du moins sa source dans le dessein général de sa providence qui veillant aux besoins de l'homme, devait établir, dans l'ordre social comme dans l'ordre physique, des lois et une puissance pour les conserver.

Citons à l'appui quelques témoignages parmi les plus importants :

Saint Jean Chrysostome : « Qu'il y ait des gouvernements ; que les uns commandent et que les autres obéissent ; que tout ne soit pas abandonné au hasard et sans règle, ni les peuples ballottés comme sur les vagues de la mer, je dis que cela vient de la sagesse divine. Aussi saint Paul ne dit pas : « Il n'y a point de « prince qui ne vienne de Dieu », mais parlant de la chose elle-même, il dit : « Il n'y a pas de « puissance, si ce n'est de Dieu. » (*Homil.* 23 *in Epist. ad Rom.*)

Cette doctrine est adoptée par tous les docteurs scolastiques :

Suarez : « Le sentiment commun est que le pouvoir est donné immédiatement de Dieu, comme auteur de la nature. En effet, une fois posée la volonté des hommes de se réunir en société, il n'est pas en leur puissance d'empêcher l'existence d'un tel pouvoir, car vouloir former une société sans pouvoir, c'est une contradiction. » (*De Legibus*. Lib. III, cap. III.)

Bellarmin : « Le pouvoir politique considéré en général et sans descendre aux formes particulières, vient immédiatement de Dieu seul, car découlant nécessairement de la nature de l'homme, il vient par là même de celui qui l'a faite. De plus, le pouvoir est de droit naturel, car il ne dépend point du consentement des hommes ; qu'ils le veuillent ou non, ils doivent être gouvernés, à moins de vouloir périr, ce qui est contraire à la nature. Or ce droit naturel est le droit divin, et conséquemment le pouvoir est de droit divin. » (*De Laïcis*. Lib. III, cap. VI.)

Bossuet : « L'institution légitime des empires vient de la nature, c'est-à-dire de Dieu, auteur de la nature. Celle-ci, en effet, dit à l'homme d'aimer l'ordre, où il trouve la sécurité et la tranquillité ; or, l'ordre est impossible sans l'autorité légitime. » (*Defensio declar. cleri gallic.* Pars I, Lib. I, *sect.* I, cap. III.)

De Haller : « Tous les anciens jurisconsultes n'avaient qu'une opinion, c'est que la puissance des princes ou des autre supérieurs vient de Dieu... Mais ils ne pensaient alors à rien d'extraordinaire ou de surnaturel... ils voulaient simplement dire que ni la puissance des princes, ni la diversité des moyens et des dons naturels n'ont été créés par les hommes, mais qu'ils viennent de la nature des choses, c'est-à-dire d'une institution divine. Et cette idée fut bientôt interprétée d'une manière absurde, et à croire que Dieu lui-même avait, de je ne sais quelle manière immédiate, surnaturelle et miraculeuse, établi les princes et les supérieurs, quoique pourtant l'histoire n'en offrît aucun exemple. » (*Restauration de la science politique*. Chap. VII, tome Ier, p. 93-95.)

Puffendorf : « Pour que le pouvoir souverain acquière la force et un caractère sacré, il faut, qu'outre la soumission des sujets, il s'y joigne un autre principe (qui est l'autorité divine)... Il est hors de doute que, lorsque les hommes se furent multipliés, la saine raison leur fit assez comprendre que l'ordre, la paix et la tranquillité du genre humain ne pouvaient être assurés que par l'établissement de sociétés civiles ; or ces sociétés ne peuvent exister sans un pouvoir suprême, et ainsi ces sociétés et le souverain pouvoir sont regardés comme venant de Dieu, en tant qu'il est l'auteur de la loi naturelle. Car il ne faut pas seulement rapporter à Dieu les établissements faits immédiatement par son ordre et sans l'intervention d'aucun fait humain, mais encore ceux que les hommes ont institués, d'après les lumières de la raison, selon que les circonstances des temps et des lieux le demandaient, pour remplir les obligations que quelque loi divine leur imposait. Il suit donc, pour que la société civile existe et atteigne sa fin, qu'il y ait un ordre de commander et d'obéir, qui soit établi par Dieu, par la loi même de la nature ; en un mot, qu'il y ait un pouvoir qui, d'après la volonté de Dieu et le *dictamen* de la raison naturelle, soit suprême, indépendant des volontés particulières, soumis à Dieu seul, second après lui et tenant sa place (*ita secundum et vicarium*) et c'est là le pouvoir souverain, la puissance politique. » (*De jure naturæ et gentium*. Lib. VII, cap. III. N. 1 et 2 (1).

---

(1) Je ne me suis pas servi de la traduction de Barbeyrac, qui ne m'a pas paru assez précise, mais j'ai traduit sur le texte même de Puffendorf

Domat : « La nécessité d'un gouvernement sur les hommes, que leur nature rend tous égaux, et qui ne sont distingués les uns des autres que par les différences que Dieu met entre eux, par leurs conditions et leurs professions, fait voir que c'est de son ordre que dépend le gouvernement, et que, comme il n'y a que lui qui soit le souverain naturel des hommes, c'est aussi de lui que tiennent leur puissance et toute leur autorité tous ceux qui gouvernent ; et c'est Dieu même qu'ils représentent dans leurs fonctions. » (*Droit public*, liv. I. Tit. I. Sect. I. N° 6.)

Bergier : « Un encyclopédiste qui ne veut pas que toute puissance vienne de Dieu, dit qu'elle vient de la nature et de la raison ; mais ce qui vient de la nature et de la raison ne vient-il pas de Dieu, auteur de l'une et de l'autre ? » (*Traité de la vraie religion*, chap. XI, art. 4.)

« La base de l'autorité politique est la loi naturelle... La société est cimentée par la loi

---

qui est cité par l'abbé Pey (*De l'autorité des deux Puissances.* 1re partie, chap Ier, § 3, tome Ier, p. 13 et 14).

naturelle ou par la volonté de Dieu ; volonté connue par la constitution même de l'homme. » (*Idem, ibid.*, art. 4. Tome III, p. 115 et 122. Voir aussi *Dict. de théologie*, V° Autorité.)

Portalis : « Dieu n'est la source de toute puissance que comme créateur et conservateur de l'ordre social, comme premier moteur des causes secondes, c'est-à-dire comme étant l'être par essence, et la cause première de tout ce qui est..... Le pouvoir souverain qui régit les sociétés politiques a nécessairement sa base dans la nature. Mais en ce sens que les hommes sont faits pour vivre en société, et que la société ne saurait exister sans son pouvoir suprême, la souveraineté est de droit divin, comme la société. » (*De l'usage de l'esprit phil.*, chap. XXVIII, t. II, p. 244.)

De Bonald : « Jusqu'à l'époque de la réforme protestante, les chrétiens avaient professé que *le pouvoir est de Dieu*, non dans le sens que l'homme qui l'exerce y soit nommé par un ordre visiblement émané de la divinité, mais parce qu'il est constitué sur les lois naturelles et fondamentales de l'ordre social, dont Dieu est l'auteur, et auxquelles, en cas d'infraction, l'homme est rappelé par la force irrésistible des événements. » (*Législation primitive*, tome Ier, p. 109 et 110.)

« J'entends par pouvoir émané de la souveraineté de Dieu et conforme à sa volonté, le pouvoir constitué sur ou par des lois politiques ou religieuses, lois qui sont des rapports *naturels* entre les êtres, et par conséquent l'expression des volontés de l'être créateur des êtres et auteur des rapports *naturels* qui les conservent..... Laissons cependant l'épithète de *divin* exclusivement au pouvoir de la société religieuse, et appelons le pouvoir politique, *naturel* lorsqu'il est établi sur les lois naturelles, car il n'y a *d'établi* que ce qui est conforme à la nature. » (*Essai analytique*, p. 197, 198.)

— « Mme de Staël parle du droit divin comme si ceux qui professent cette doctrine croyaient que la divinité avait, par une révélation spéciale, désigné telle ou telle famille pour gouverner un Etat, ou que l'Etat lui appartînt comme un troupeau appartient à son maître. Il est facile d'avoir raison contre ses adversaires, lorsqu'on leur prête gratuitement des absurdités. » (*Observations sur Madame de Staël*, § 5. *Mélanges phil.*, t. II, page 448.)

On a souvent représenté M. de Bonald comme

partisan du droit divin dans le sens judaïque. On voit combien ce reproche est erroné. L'illustre philosophe n'a jamais varié dans sa doctrine sur ce point. Voir encore : *Du divorce*, page 2, et *De l'esprit de corps*, in-8°, 1828.

Frayssinous : « Si le fond de la puissance vient de Dieu, la forme vient des hommes..... Que l'autorité soit dans la main d'un seul ou de plusieurs, ou qu'elle réside dans un roi et un parlement unis ensemble, le fond en reste toujours le même. L'autorité suprême emporte le droit de commander d'une part, et de l'autre, l'obligation d'obéir en conscience. Cette autorité, ainsi entendue, entre sans doute dans les desseins de Dieu pour l'harmonie du monde moral, comme la gravitation y entre pour l'harmonie du monde physique. » (*Discours* à la Chambre des députés, séance du 25 mai 1826.)

Voilà dans sa juste notion ce droit divin, qui est l'épouvantail de nos modernes politiques de l'école démocratique, ce droit divin défiguré par l'ignorance autant que par la mauvaise foi, et dont tant de gens parlent sans s'être donné la peine de savoir ce qu'il est !

16. — Examen de la doctrine du droit divin. — Ses conséquences.

La doctrine qui fait dériver la puissance de Dieu, qui en trouve en lui la source première et la raison, est la seule qui s'accorde avec la notion exacte du pouvoir social.

L'union des hommes en société n'est pas constituée sur la force, car la force n'a pas d'action légitime sur des êtres intelligents et libres de leur nature. Le pouvoir, si on l'entend bien, pour atteindre son but, doit avoir la puissance d'imposer une obligation morale. Sa force est donc un *droit*, et non pas seulement une contrainte physique.

Mais cette autorité ne peut venir que de Dieu ; le droit de lier les volontés n'appartient qu'à lui. Placer l'autorité dans l'homme, c'est donc la détruire dans sa notion essentielle, car nul homme n'a le pouvoir sur la volonté d'autrui, et tous les hommes réunis ne sauraient créer un droit, une obligation morale. Il faut donc en chercher l'origine plus haut, dans la volonté du divin Législateur.

Il faut donc en conclure que ce n'est ni d'une majorité, ni de la totalité des volontés humaines que découle l'autorité. Ce principe est établi par la saine raison, et cette vérité philosophique est consacrée par l'autorité des Livres saints et par l'enseignement de l'Eglise et de la tradition catholique.

Il faut dire aussi que cette doctrine est la seule qui puisse donner à la société une base fixe et en assurer la stabilité. En effet, si l'autorité vient seulement de la volonté des hommes, d'un contrat social élaboré et consenti par la multitude, et qu'il n'y ait pas une loi supérieure qui lie les contractants et les oblige à tenir leurs conventions, il est évident que la société ne repose que sur une base mobile, et qu'elle court à chaque instant le risque de se dissoudre.

Et c'est ce qui a forcé J.-J. Rousseau à reconnaître la nécessité d'une autorité supérieure qui n'est autre chose que le droit divin : « Car, dit-il, sans cela, les parties demeureraient seules juges dans leur propre cause, et chacune d'elles aurait toujours le droit de renoncer au contrat, sitôt qu'elle trouverait que l'autre en enfreint les conditions, ou qu'elles cesseraient de lui convenir..... Mais les dissensions affreuses, les désordres infinis qu'entraînerait nécessairement ce dangereux pouvoir, montrent plus que toute autre chose combien les gouvernements humains avaient besoin d'une base plus solide que la seule raison, et combien il était nécessaire au repos public que la volonté divine intervînt pour donner à l'autorité souveraine un caractère sacré et inviolable qui ôtât aux sujets le funeste droit d'en disposer. Quand la religion n'aurait fait que ce bien aux hommes, c'en serait assez pour qu'ils dussent tous la chérir et l'adopter. » (*Disc. sur l'orig. de l'inégalité*, p. 180, et encore avant, p. 129. *Œuvres complètes*, t. IV, édit. Lefèvre, 1839.)

Remarquons aussi que cette doctrine, en fortifiant l'autorité, ennoblit la soumission, qui n'est plus la soumission à un homme, mais à Dieu. Elle maintient le repos de la société, et va chercher jusque dans le cœur des peuples, pour la contenir et l'étouffer, cette secrète impatience de secouer le joug salutaire des lois.

Les adversaires du droit divin ont essayé, pour le rendre odieux, d'en tirer de fausses conséquences. Cette doctrine, à les entendre, légitimerait tous les pouvoirs de fait et les usurpations ; et de plus les princes, investis d'un pouvoir de droit divin, pourraient tout oser, et rien ne pourrait s'opposer à leur tyrannie ni limiter leur puissance. Mais ces imputations ne reposent sur aucun fondement logique.

Saint Thomas, expliquant le texte de saint Paul : « Toute puissance vient de Dieu, et celles qui existent sont ordonnées de Dieu » (*Rom.* XIII, 1), a exposé le sens de cette doctrine avec sa précision ordinaire qui ne laisse lieu à aucune réplique. « Le pouvoir du prince, dit-il, ou de quelque autre dignité, quelle qu'elle soit, peut être considéré sous trois rapports ; et d'abord, quant au pouvoir considéré en soi, et sous ce rapport il est de Dieu. Secondement, il peut être considéré quant à la manière d'acquérir le pouvoir, et sous ce rapport, il est quelquefois de Dieu, lorsque quelqu'un acquiert la puissance par les voies régulières de l'ordre ; et d'autres fois, il ne vient pas de Dieu, mais de l'appétit pervers d'un homme qui, par ambition, ou par toute autre voie illicite, s'empare du pouvoir. Troisièmement, on peut considérer le pouvoir quant à son usage, et ainsi, il est de

Dieu lorsque quelqu'un use du pouvoir qui lui a été donné, selon les lois de la divine justice ; et il n'est pas de Dieu, lorsqu'on use du pouvoir contre la divine justice. » (*Comment. in Epist. ad Rom.*, cap. xiii, quæst. 1.)

Et en effet, le pouvoir des princes leur est donné pour le bien commun de la société en y faisant régner l'ordre établi de Dieu. « Le roi, dit saint Paul, est le ministre de Dieu pour le bien... et l'exécuteur de sa justice contre celui qui fait le mal. » (*Ad Rom.*, xiii, 4. Et saint Pierre dit de même. 1 *Epist.*, ii, 14.)

La puissance des princes ne doit donc pas être arbitraire ; elle est dominée par les lois naturelles et divines ; c'est dans ce cercle qu'elle doit s'exercer, et leurs ordres injustes n'ont pas la force d'obliger la conscience. Le droit divin des princes ne saurait donc légitimer leur tyrannie et l'oppression des peuples.

Les princes aussi restent soumis aux conditions dans lesquelles le pouvoir leur a été confié. Leur puissance est bornée par la constitution politique, et par les lois fondamentales de chaque Etat, « lois contre lesquelles, a dit Bossuet, tout ce qui se fait est nul de droit » (6ᵉ *aver. Œuvres*, t. XI, p. 1). En un mot, tout ce qui tend au bonheur essentiel de la société est l'expression de la volonté divine, et Dieu ne consacre le pouvoir qu'à la condition qu'il tende, par ses actes, à cette fin légitime. Le droit divin n'est donc pas moins favorable à la puissance des rois qu'à la liberté des peuples ; et il fonde sur les mêmes lois leurs droits et leurs devoirs réciproques. (Comparer DE HALLER, *Restaurat. de la science politique*, tom. Ier, p. 113.)

17. — DÉTERMINATION DU SUJET DU POUVOIR. — ORIGINE DU POUVOIR EN PARTICULIER ET DES FORMES POLITIQUES DE LA SOCIÉTÉ.

Après avoir considéré l'origine du pouvoir en général, il s'agit maintenant d'examiner comment le pouvoir arrive à la personne ou aux personnes qui l'exercent, et comment il se particularise dans un sujet déterminé.

Sur cette question, je crois qu'il faut dire que le pouvoir est donné *directement* et en vertu des lois naturelles, à la personne de quelque manière qu'elle soit désignée ou déterminée, et qu'il est inutile qu'il passe par la communauté ou par tout autre intermédiaire pour arriver au sujet qui en est dépositaire.

Parmi ceux qui reconnaissent au pouvoir une origine divine, les uns ont pensé que le pouvoir est d'abord communiqué par Dieu à la communauté, au peuple, et que cette souveraineté appartient naturellement à la société en vertu du pouvoir qu'elle a de se constituer et d'obtenir le bien général et commun auquel elle a droit. La cause qui place le pouvoir dans un sujet particulier est donc toujours le consentement de la communauté. Il faut que le pouvoir passe par cette voie pour arriver jusqu'à lui. C'est la thèse de Suarez et de ce qu'on appelle l'école scolastique.

Les autres, et c'est l'opinion des auteurs les plus récents et d'un grand poids aussi, avouent que le pouvoir se forme *quelquefois* par la désignation expresse de la communauté, mais ils soutiennent qu'*en général*, le pouvoir s'établit par le jeu naturel des forces sociales, qu'il se fonde sur des faits naturels et souvent nécessaires, et qu'une fois formé ainsi, Dieu le sanctionne dans la personne apte à l'exercer. Le sujet du pouvoir reçoit donc sa puissance immédiatement de Dieu, sans autre intermédiaire, et les hommes ne font que désigner la personne à qui Dieu le communique.

Les écrivains politiques sont, en général, portés à raisonner *à priori* sur la formation de la société et du pouvoir. Le peuple est pour eux un être qui veut, pense, raisonne et agit tout d'une pièce. Ils le prennent en bloc, et n'y voient qu'une personne. La souveraineté est une entité, existant par elle-même, et qu'ils font passer, à leur gré, d'un sujet à un autre ; c'est un abus qui naît de l'empire des mots et de l'influence insensible du langage sur nous. Ainsi on suppose que le pouvoir est toujours le résultat de délibérations générales, et on raisonne sur cette hypothèse, sans tenir compte des faits historiques. C'est pourtant dans l'histoire qu'il faut étudier la marche de l'humanité et l'action des lois naturelles dans les évolutions sociales ; suivre une autre méthode, c'est se placer dans les abstractions, et prendre l'idéal pour la réalité.

Dans l'hypothèse de la formation d'une société par des individus ou par des familles complètement indépendants, disséminés jusque-là et sans liens antérieurs, la détermination de la personne en qui résiderait l'autorité politique, ne pourrait évidemment se faire que par l'élection. Tous les associés étant supposés égaux, nul n'a le droit de commander, et alors l'autorité de celui qui serait élu lui viendrait du consentement exprès ou du moins tacite de la multitude.

C'est ce qui peut arriver, par exemple, entre des hommes jetés sur une côte par un naufrage, ou séparés de leur société primitive par des événements ou par l'attrait d'une vie errante. C'est encore ce qui peut avoir lieu lorsque, par l'extinction d'une dynastie, ou à la suite d'une révolution violente, le pouvoir se trouve brisé et sans titulaire (1).

Mais ce ne sont là que des accidents, et ce n'est point là la formation ordinaire et naturelle du pouvoir politique.

---

(1) Le pouvoir alors peut renaître par les volontés d'un peuple déjà organisé qui désigne et choisit un chef; ou, comme il arrive souvent encore, par l'initiative hardie d'un homme qui s'impose et saisit la souveraineté, et à qui on se rattache instinctivement, comme un homme qui se noie se cramponne à ce qui s'offre à lui.

La société politique n'est telle qu'à la condition d'un pouvoir public. C'est le pouvoir qui constitue l'Etat; les formes de la société et celles du pouvoir sont corrélatives et identiques, elles naissent en même temps, et demander comment et quand naît le pouvoir, c'est demander comment se forme la société. Nous avons déjà traité cette question — art. 12 et 13 — et nous avons constaté ces deux faits : 1° que la société est un produit des lois de la nature, et 2° qu'elle n'est point une création de la seule volonté de l'homme.

Il faut bien considérer que la société politique ne naît pas tout d'un coup, mais elle arrive à cet état par des évolutions graduelles, la famille, le bourg, la ville, et l'Etat proprement dit. Elle possède déjà dans toutes ces phases, un principe d'ordre et d'unité. Ce principe, considéré dans la réalité, n'est autre chose qu'un certain pouvoir qui se personnifie dans celui qui gouverne l'association. La multitude qui forme la petite société grandit, s'augmente, et le pouvoir, principe vital de cette organisation, s'étend aussi progressivement. Ce qui détermine le sujet du pouvoir est donc un fait préexistant, et qui est comme le centre créateur de l'ordre qui attire à soi les molécules sociales.

1° Le fait primordial, le plus naturel et aussi le plus général, est celui de la famille. Le pouvoir paternel contient, comme en germe et dans sa racine, cette autorité qui s'épanouira avec le temps en un pouvoir civil. C'est ce qui est reconnu par Aristote, saint Thomas et par les écrivains politiques les plus autorisés.

2° Un homme, par son activité personnelle et par celle de ses aïeux, s'est élevé à une situation indépendante, et son patrimoine se forme de vastes possessions territoriales. Ses voisins, et aussi des hommes flottants et sans situation fixe, obéissant à l'attraction naturelle qui pousse l'inférieur à se ranger sous une autorité protectrice, viennent s'établir sur ses domaines. Voilà un pouvoir qui se crée sans délibération préalable et par la seule action des lois naturelles.

3° Des familles vivent dispersées et sans unité commune, sur un territoire exposé aux incursions des bêtes sauvages ; un chasseur hardi refoule au loin et contient ces déprédations. Autour de lui se groupent les compagnons de ses courses, et de proche en proche, les familles se placent, de force peut-être, sous la protection de son bras. Il est le chef naturel de cette population ; son pouvoir est indiscuté ; et tout cela s'est formé de soi, sans effort, sans convention, par le seul empire des circonstances et par le cours nécessaire de la nature. C'est l'histoire de Nemrod, « chasseur puissant devant le Seigneur, *robustus venator* », dit la Bible. (*Genèse*, chap. x.) Ce qui s'entend aussi, selon l'interprétation commune, d'un pouvoir mêlé de violence.

4° Une peuplade est en butte aux attaques des tribus voisines. Un chef appelle à lui les hommes d'action, et sa valeur éprouvée le place naturellement à leur tête. Si la guerre lui est favorable et qu'il s'établisse sur le territoire des vaincus, son titre préexistant est le fait qui lui donne le pouvoir. En vertu même de la conquête, si la guerre a été juste, le pouvoir lui est acquis sur les vaincus, et non point par leur consentement, mais même contre leur volonté.

5° Un certain nombre d'hommes se détache de l'agrégation primitive, et va s'établir sur des terres nouvelles et encore non occupées. Le chef de l'expédition devient naturellement le chef de la colonie.

De l'ensemble de ces faits et d'une observation plus étendue encore qu'il serait facile de faire, se dégage cette loi générale : que les hommes s'unissent sous l'action des forces latentes de leur nature, sous l'impulsion des circonstances et la pression des événements ; qu'ils se groupent ainsi, d'une manière presque inconsciente, autour d'un centre social préexistant, et que le pouvoir se forme par une lente progression et très rarement par des délibérations antécédentes.

Il faut constater aussi que la supériorité naturelle est presque nécessairement la cause du pouvoir, comme le besoin est l'explication de la dépendance et de la soumission. L'homme éminent s'impose naturellement ; cette loi se manifeste dans toutes les relations sociales, et jusque dans les jeux des enfants où un chef s'établit comme de lui-même comme le plus intelligent et le plus adroit (1).

---

(1) C'est dans les faits élémentaires les plus simples qu'on peut saisir l'action des lois naturelles. Labruyère (chap. *de l'homme*, t. II, p. 65, édit. Jannet) a dit : « Les enfants commencent entre eux par l'état populaire, chacun y est le

« Tous les monuments historiques, dit Portalis, constatent que la bienfaisance, la sagesse, le talent, le génie, aidés de la fortune, ont été les premiers fondateurs des empires... La nature, il est vrai, n'a fait ni magistrats, ni princes, ni sujets, elle n'a fait que des hommes, mais elle a, pour ainsi dire, ébauché tous les gouvernements, en faisant sentir à la masse des hommes le besoin d'un ordre public, et en donnant à quelques hommes l'aptitude et les qualités qui les disposent à faire le bien des autres. » (*De l'esprit philos.*, chap. XXVIII, t. II, p. 258, in-8°, 1834 (1).

---

maître ; et ce qui est bien naturel, ils ne s'en accommodent pas longtemps et passent au monarchique. Quelqu'un se distingue, ou par une plus grande vivacité, ou par une meilleure disposition du corps, ou par une connaissance plus exacte des jeux et des petites lois qui les composent, les autres lui défèrent, et il se forme alors un gouvernement absolu qui ne roule que sur le plaisir. » Voilà la nature prise sur le fait. (V. plus loin, l'opinion de J.-J. Rousseau.)

(1) Cette théorie est acceptée et développée par DE HALLER, *Restauration de la science politique*, 1ᵉʳ vol. ; — les savants Pères jésuites, professeurs au Collège romain ; — LIBERATORE, *Instit. philo-*

Cette théorie, conforme aux enseignements de l'histoire, n'est pas le produit de conceptions abstraites ; elle s'appuie sur les réalités, et en la combinant avec l'action secrète et pourtant visible de la Providence dans la conduite des choses humaines, elle satisfait davantage l'esprit et rend mieux compte de la marche de la société dans la formation du pouvoir politique.

Mais, dira-t-on, vous admettez aussi que le pouvoir s'établit par l'accession des membres de la communauté ; et c'est toujours leur consentement qui se trouve au fond dans l'établissement de la société politique.

Et sans doute, il le faut bien, car le pouvoir, dans les formes particulières qu'il revêt, ne tombe pas du ciel formé tout d'une pièce. Il y faut bien le concours plus ou moins direct de l'homme. Mais si le pouvoir se forme en partie par l'assentiment des individus, cet assentiment se fait progressivement, d'une manière

---

sophicæ, t. III, p. 266 et seq. ; — DMOWSKI, *Inst. phil.*, t. II ; — TAPARELLI, *Essai de droit public*, t. II, chap. VII ; — TONGIORGI, *Instit. phil.*, t. II, p. 176, in-12.

insensible, et non point avec cet appareil de délibération que certains posent à l'origine de toute forme politique. Mais il suit de là que la souveraineté dans la société n'est pas nécessairement le résultat de conventions, et qu'il y a des pouvoirs légitimes qui s'établissent autrement que dans les assises populaires que l'on exige à l'origine comme la condition nécessaire de la légitimité de toute institution politique.

Ainsi, il y a dans le pouvoir civil un élément divin et un élément humain qui se combinent. Le premier consiste dans les lois établies par Dieu pour l'ordination des choses ; le second est dans la volonté des hommes qui déterminent, d'une manière plus ou moins directe, les formes du pouvoir, car leur volonté subit d'ordinaire l'influence des traditions, des circonstances des temps et des personnes et même d'événements nécessaires. C'est donc du concours de ces deux forces que naît le pouvoir. L'homme désigne ou accepte le sujet qui doit gouverner, mais il ne crée point l'autorité, c'est Dieu qui la donne.

Il en est de même dans la famille. « Dans le mariage, dit un célèbre théologien, l'homme est le chef de la femme, quoiqu'elle ait été libre de contracter ou de ne pas contracter mariage, mais par la nature même du mariage. » (SUAREZ, *De legib.*, lib. III, cap. III). C'est-à-dire en vertu des lois divines qui ont institué la famille.

Cette doctrine peut être encore expliquée par une comparaison dont on s'est souvent servi. L'autorité est à la société ce que l'âme est à l'homme ; c'est elle qui lui donne l'être et la vie. Mais de même que Dieu crée l'âme humaine au moment où le corps est parvenu à un état de formation qui le rend susceptible d'être uni à elle, de même il confère l'autorité civile au moment où il se trouve un sujet capable de la recevoir et d'en exercer les attributions ; de quelque manière qu'il ait été formé, soit par le vote des chefs de famille, comme le veulent les scolastiques, soit par des faits divers qui l'ont constitué. Et ce sujet est déterminé par le mouvement naturel de la société. Dieu seul a créé notre âme, mais il ne nous a pas donné la vie sans le concours de nos parents ; ainsi en est-il à proportion du pouvoir civil ; il vient de Dieu mais par le concours des causes secondes et des forces sociales.

18. — Théorie révolutionnaire sur l'origine du pouvoir. — De la souveraineté du peuple.

Tous ceux qui ont regardé la société comme une création arbitraire, factice et née des conventions humaines, ne pouvaient s'empêcher de donner au pouvoir politique la même origine et de le dépouiller de tout élément supérieur et divin. La logique les conduisait forcément à cette conclusion. Les deux questions sont connexes, et même au fond, c'est la même question. En réfutant la première théorie qui est le principe radical de l'erreur, — art. 11, 12 et 13 — nous avons déjà réfuté la seconde, qui en est la conséquence. Mais comme cette question est d'une importance capitale, et que c'est là que se trouve le nœud de notre situation politique, depuis la fin du siècle dernier, il convient d'insister et de faire encore la lumière sur ce point (1).

---

(1) « Athusin ou Atthusins (Jean), professeur de droit à Herborn, publia en 1603, un livre intitulé : *Politica methodicè digesta*, où il soutenait que le

La théorie de la souveraineté du peuple, déjà formulée par les écrivains de la Réforme protestante, a été exposée dans ses principes et dans ses conséquences par J.-J. Rousseau dans son *Contrat social* qui fait loi dans l'école révolutionnaire.

Voici l'ordre des idées dans leur enchaînement logique, et les textes où elles sont formulées (1) :

1re Proposition : *L'homme est libre et indépendant par sa nature ; sa volonté est à elle-même sa loi ; elle ne reconnaît aucune loi supérieure au-dessus d'elle, et n'a d'autres limites que celles qu'elle s'impose.*

Textes : « L'homme dans sa liberté naturelle

---

peuple est la source de toute autorité, que les rois ne sont que ses mandataires, qu'il peut les changer à son gré et même les punir de mort. » (ROUSSEAU, *Lettres de la Montagne*, 6e lettre.) C'est là toute la doctrine de Rousseau.

(1) « Il est faux que l'égalité soit une loi de la nature. La nature n'a rien fait d'égal. Sa loi souveraine est la subordination et la dépendance. » (VAUVENARGUES.) Cette loi s'exerce partout; on peut la voir en action dans le monde physique et social.

a un droit illimité à tout ce qui le tente et qu'il peut atteindre. » *(Contrat social,* liv. I, chap. VIII.)

— « Dans l'Etat de nature, je ne dois rien à qui je n'ai rien promis, je ne reconnais pour être à autrui que ce qui m'est inutile. » (Liv. II, chap. VI.)

Cette liberté primitive est inaliénable, « en sorte que, le pacte social étant violé, chacun rentre alors dans ses premiers droits, et reprend sa liberté *naturelle* en perdant sa liberté *conventionnelle* pour laquelle il y renonça. » (Liv. I, chap. VI.)

— « L'obéissance à la loi qu'on s'est prescrite est la liberté. » (Liv. I, chap. VIII.) D'où il suit que l'homme est esclave, s'il ne se fait pas à lui-même sa loi.

Aussi Rousseau commence-t-il son livre par cette phrase qui en est le résumé : « L'homme est né libre, et partout il est dans les fers. » (Liv. I, chap. I.) Ce qui signifie sans doute que l'indépendance naturelle de l'homme est telle qu'elle ne souffre point de limites, pas même celles de l'ordre social et des lois, puisque l'homme qui est partout en société, est partout dans les fers.

2ᵉ Proposition : Tous les droits et les devoirs viennent des conventions.

Textes : « L'ordre social est un droit sacré qui sert de base à tous les autres. Cependant ce droit ne vient point de la nature ; il est donc fondé sur des conventions. » (Liv. Iᵉʳ, chap. Iᵉʳ.)

— « **Les conventions sont la base de toute autorité légitime parmi les hommes.** » (Liv. Iᵉʳ, chap. IV.)

— « Dans l'Etat de nature, les hommes, n'ayant entre eux aucune sorte de relation morale, ni de devoirs connus, ne pouvaient être ni bons ni méchants, et n'avaient ni vices ni vertus. » *(Discours sur l'inégalité.)*

— « Le passage de l'Etat de nature à l'état civil substitue dans la conduite de l'homme la justice à l'instinct, et donne à ses actions la moralité qui leur manquait auparavant... Alors seulement la voix du devoir succède à l'impulsion physique, et le droit à l'appétit... ce nouvel état fait d'un animal stupide et borné, un être intelligent et un homme. » (Liv. Iᵉʳ, chap. VIII. (1).

---

(1) Rousseau, par une heureuse inconséquence, qui nous disait jusqu'à présent que les conven-

Et ainsi la volonté de l'homme est posée comme la source et la règle du droit et de la justice.

3ᵉ Proposition : La souveraineté est essentiellement dans le peuple.

Cette idée est l'âme du système ; elle ressort de tous les principes de la théorie et se retrouve dans toutes ses conséquences.

En effet, chaque homme est posé comme indépendant, chaque volonté comme souveraine, la souveraineté politique n'étant que la mise en commun de la souveraineté des individus, le peuple est donc souverain, l'autorité est dans le nombre ; c'est de là que sort cette

---

tions « substituent la justice à l'instinct, la moralité à la brutalité » a pourtant écrit (liv. II, chap. vi) : « Ce qui est bien et conforme à l'ordre est tel par la nature des choses et indépendamment des conventions humaines. La justice vient de Dieu, lui seul en est la source. » Mais bientôt il détruit et affaiblit ces belles paroles. « Nous ne pouvons, ajoute-t-il aussitôt, la recevoir de si haut... les lois divines, faute de sanction, sont vaines parmi les hommes, il faut donc des conventions et des lois pour unir les droits aux devoirs et ramener la justice à son objet. » Voir sur cela TORAMBERT, *Principes de droit*, p. 199.

volonté générale qui fait tout dans le système de Rousseau. Mais les volontés particulières ne peuvent être unanimes, le pouvoir est dans la majorité. C'est elle qui est l'arbitre suprême ; ses volontés sont absolues, irréformables, elles sont des lois souveraines, elles créent le droit.

4ᵉ Proposition : La souveraineté du peuple est inaliénable, directe et ne peut être représentée.

Textes : « Je dis donc que la souveraineté, n'étant que l'exercice de la volonté générale, ne peut jamais s'aliéner, et que le souverain, qui n'est qu'un être collectif (le peuple), ne peut être représenté que par lui-même ; le pouvoir peut bien se transmettre, mais non pas la volonté... Le souverain (le peuple) peut bien dire : « Je veux actuellement ce que veut un tel homme, ou du moins ce qu'il dit vouloir » ; mais il ne peut pas dire : « Ce que cet homme voudra demain, je le voudrai encore », puisqu'il est absurde que la volonté se donne des chaînes pour l'avenir... Si donc le peuple promet simplement d'obéir, il se dissout par cet acte, il perd sa qualité de peuple ; à l'instant qu'il y a un maître, il n'y a plus de souverain, et dès lors, le corps politique est détruit. » (Liv. II, chap. 1er, et liv. III, chap. xvi.)

— « Quand donc il arrive que le peuple institue un gouvernement, soit monarchique dans une famille, soit aristocratique dans un ordre de citoyens, ce n'est point un engagement qu'il prend ; c'est une forme provisionnelle qu'il donne à l'administration, jusqu'à ce qu'il lui plaise d'en ordonner autrement. » (Liv. IV, chap. xviii.)

5e Proposition : La souveraineté du peuple est illimitée.

Textes : « Il est contre la nature du corps politique que le souverain (le peuple) s'impose une loi qu'il ne puisse enfreindre... Il n'y a ni ne peut y avoir nulle espèce de loi fondamentale obligatoire pour le corps du peuple, pas même le contrat social (1). » (Liv. Ier, chap. vii.)

---

(1) « Il n'y a dans l'état aucune loi fondamentale qui ne se puisse révoquer, non pas même le pacte social ; car si tous les citoyens s'assemblaient pour rompre le pacte d'un commun accord, on ne peut douter qu'il ne fût très légitimement rompu. » (Liv. III, chap. xviii.)

— « Il y a une profession de foi purement

— « Le pacte social donne au corps politique un pouvoir absolu sur tous ses membres, et c'est ce même pouvoir qui, dirigé par la volonté générale, porte le nom de souveraineté... On convient que tout ce que chacun aliène, par le pacte social, de sa puissance, de ses biens, de sa liberté, c'est seulement la partie de tout cela dont l'usage importe à la communauté, mais il faut convenir aussi que le souverain seul est juge de cette importance. » (Liv. II, chap. IV.)

— « En tout état de cause, un peuple est toujours le maître de changer ses lois, même les meilleures ; et s'il lui plaît de se faire du mal à lui-même, qui est-ce qui a le *droit* de l'en empêcher ? » (Liv. II, chap. XII.)

---

civile dont il appartient au souverain de fixer les articles... Sans pouvoir obliger personne à les croire, il peut bannir de l'Etat quiconque ne les croit pas ; il peut le bannir non comme impie, mais comme insociable... Que si quelqu'un, après avoir reconnu publiquement les mêmes dogmes, se conduit comme ne les croyant pas, qu'il soit puni de mort ; il a commis le plus grand de tous les crimes, il a menti devant les lois. » (Liv. IV, chap. VIII.)

6° Proposition : La volonté générale (la volonté du peuple) est toujours droite.

Textes : « La loi, dit Rousseau, est l'expression de la volonté générale appliquée à des intérêts généraux (1). » (Liv. II, chap. VI.) Mais il est évident que si la volonté générale peut se tromper et être injuste, elle ne mérite pas le nom de loi ; autrement ce serait consacrer l'arbitraire et légitimer l'injustice. Cette conséquence se montrait sans doute à l'esprit de Rousseau, et l'a forcé, pour l'éviter, à soutenir que la volonté générale ne peut errer, et à poser en principe qu'elle est infaillible.

La volonté générale est toujours droite,

---

(1) Quand on va au fond de la question, on voit que Rousseau, en posant en principe que la volonté générale est toujours droite, part de cette idée que le peuple veut toujours et nécessairement le bien général. Il veut toujours son bien, mais il ne sait pas toujours son bien. Il en est de même de l'individu ; chaque homme veut son propre bonheur, mais il ne le voit pas toujours ni ne le cherche où il faut. — Rousseau expose encore cette idée de la volonté générale et il avoue de même qu'elle se trompe. — (*De l'Economie politique.* Œuvres, t. I, p. 225, 226, et 229, 230.)

voilà l'assertion en théorie, mais en pratique il y a le revers de la médaille. Rousseau l'a bien compris, et tous ses efforts ne peuvent parvenir à cacher la faiblesse de son argumentation. Laissons-le donc parler lui-même : « Il suit que la volonté générale est toujours droite, mais il ne s'ensuit pas que les délibérations du peuple aient toujours la même rectitude. On veut toujours son bien, mais on ne le voit pas toujours ; jamais on ne corrompt le peuple, mais souvent on le trompe ; et c'est alors seulement qu'il paraît vouloir ce qui est mal. Il y a souvent bien de la différence entre la volonté générale et la volonté de tous ; la première ne regarde qu'à l'intérêt commun, la seconde qu'à l'intérêt privé, et n'est qu'une somme de volontés particulières...

« Si quand le peuple suffisamment informé délibère, les citoyens n'avaient aucune communication entre eux... la délibération serait toujours bonne... Mais quand il se fait des brigues, des associations partielles aux dépens de la grande, alors il n'y a plus de volonté générale. » (Liv. II, chap. III.)

Et ailleurs : « Le peuple, soumis aux lois, en doit être l'auteur... Mais comment une multitude aveugle, qui souvent ne sait pas ce qu'elle veut, parce qu'elle sait rarement ce qui lui est bon, exécuterait-elle d'elle-même une entreprise aussi grande, aussi difficile qu'un système de législation ? De lui-même le peuple veut toujours le bien, mais de lui-même il ne le voit pas toujours. La volonté générale est toujours droite, mais le jugement qui la guide n'est pas toujours éclairé. Il faut lui faire voir les objets tels qu'ils sont, quelquefois tels qu'ils doivent lui paraître ; lui montrer le bon chemin qu'elle cherche, la garantir de la séduction des volontés particulières... Les particuliers voient le bien qu'ils rejettent ; le public veut le bien qu'il ne voit pas. Tous ont également besoin de guides. Il faut obliger les uns à conformer leurs volontés à leur raison ; il faut apprendre à l'autre à connaître ce qu'il veut. » (Liv. II, chap. vi.)

Il est difficile de mieux montrer l'incapacité du peuple pour se diriger, et son impuissance à faire des lois. Et pourtant on pose en principe l'infaillibilité de la volonté générale.

« Cette question, dit très bien un écrivain politique, est la pierre de touche de tout le système ; en reconnaissant que la volonté générale se manifeste rarement dans les assemblées publiques, Rousseau ébranle lui-même tout son système, qui ne repose que sur la manifestation supposée claire et infaillible de cette volonté. Puisqu'il ne nous indique pas un moyen certain de constater cette volonté, il a donc bâti en l'air. » (TORAMBERT, *Princ. de droit politique*. Liv. II, § 2, page 168 ; in-8°, 1825.)

7º Proposition : Le gouvernement est révocable à la volonté du peuple. Dans les principes du système, la souveraineté étant essentiellement dans le peuple, et de plus inaliénable, il suit que le pouvoir des chefs du gouvernement ne peut dépendre que de la volonté du peuple.

Textes : « Il ne faut pas confondre le gouvernement avec le souverain, dont il n'est que ministre... Les membres du gouvernement s'appellent magistrats ou rois, c'est-à-dire gouverneurs, et le corps entier porte le nom de prince. Ainsi ceux qui prétendent que l'acte par lequel un peuple se soumet à des chefs n'est point un contrat, ont grande raison. Ce n'est absolument qu'une commission, un emploi, dans lequel, simples officiers du souverain, ils exercent en son nom le pouvoir dont il les a faits dépositaires, et qu'il peut limiter, modifier et reprendre quand il lui plaît. » (Liv. II, chap. 1er.)

— « L'autorité suprême ne peut pas plus se modifier que s'aliéner ; la limiter, c'est la détruire. Il est absurde et contradictoire que le souverain (le peuple) se donne un supérieur. » (Liv. III, chap. xvi.)

— « De cela il résulte que l'acte qui institue le gouvernement n'est point un contrat, mais une loi ; que les dépositaires de la puissance exécutive ne sont point les maîtres du peuple, mais ses officiers ; qu'il peut les établir et les destituer quand il lui plaît ; qu'il n'est point question pour eux de contracter, mais d'obéir... Quand le peuple institue un gouvernement monarchique ou aristocratique, ce n'est point un engagement qu'il prend ; c'est une forme provisionnelle qu'il donne à l'administration, jusqu'à ce qu'il lui plaise d'en ordonner autrement. » (Liv. III, chap. xviii.)

Rousseau veut qu'on établisse des assemblées périodiques et obligatoires du peuple, qui n'auront pour objet que le maintien du traité social ; et « l'ouverture de ces assemblées doit toujours se faire par deux propositions qu'on ne puisse jamais supprimer, et qui passent séparément par les suffrages :

« La première : s'il plaît au peuple de conserver la présente forme de gouvernement.

« La seconde : s'il plaît au peuple d'en laisser l'administration à ceux qui en sont actuellement chargés. » (Liv. III, chap. XVIII.)

Qu'on examine et qu'on pèse ces textes, et l'on en verra sortir comme conséquences : l'indépendance absolue de l'individu, son droit à renoncer à un état social auquel il ne s'est soumis que provisoirement et sous bénéfice d'inventaire ; les droits sans base fixe, créés par les suffrages qui les mesurent et les suppriment à leur gré, la propriété dépendant d'un coup de scrutin, la liquidation sociale ouverte aux revendications des masses ; l'instabilité de tous les gouvernements toujours et à chaque instant révocables, une démocratie sans frein, et le pouvoir direct du peuple seule forme légitime du pouvoir.

C'est donc le renversement des idées philosophiques et chrétiennes sur l'origine du pouvoir social ; la souveraineté est dans la volonté de l'homme ; c'est l'organisation de la société sans Dieu et contre Dieu.

Et dans les faits, c'est la Révolution telle qu'elle est sous nos yeux depuis cent ans, ébranlant tous les pouvoirs, renversant toutes les institutions, semant des ruines sur son passage ; torrent sans digue, et emportant dans son cours les lois, les mœurs et les gouvernements.

Mais il est bon, je crois, de confirmer notre thèse par l'autorité des écrivains politiques. Voici quelques-unes de leurs pensées :

« Il est de la plus grande absurdité de regarder comme juste tout ce qui se trouve dans les institutions et les lois des peuples… Il n'y a de peuple, à mes yeux, que celui qui est contenu par le droit ; mais l'assemblée du peuple peut être aussi tyrannique qu'un seul tyran ; elle peut même être plus cruelle, car il n'y a rien de plus terrible que cette bête féroce qui prend la forme et le nom de peuple (1). » (CICÉRON, *De Legibus*, et *De Repub.* Lib. III, cap. XXIII.)

---

(1) Saint Augustin parle comme Cicéron : « Le droit ne peut exister où ne règne pas la vraie justice ; car on ne fait avec droit que ce qui est juste, et ce qui se fait injustement ne peut être fait avec droit. Il ne faut appeler *droits* toutes les institu-

« Il y a une espèce de démocratie qui transporte la souveraineté à la multitude, laquelle remplace la loi... Le peuple alors est un vrai monarque, unique, mais composé par la majorité, qui règne, non point individuellement, mais en corps. Dès que le peuple est monarque, il rejette le joug de la loi, et il se fait despote. » (ARISTOTE, *Politique.* Liv. VI, ch. IV, n° 4.)

— « La prérogative séditieuse et inaliénable qu'on décerne au peuple, de se constituer à son gré un gouvernement, toutes les fois que des esprits turbulents voudront lui en faire changer la forme, est essentiellement

---

tions injustes des hommes... Où ne règne pas la justice, il est impossible de former une association d'hommes réunis par le consentement du droit ; donc sans le consentement du droit, il n'y a point de peuple ni par conséquent de chose publique, mais la chose d'une multitude telle quelle, qui ne mérite pas le nom de peuple. Or si la république est la chose du peuple, et s'il n'y a point de peuple lorsque l'association n'est point fondée sur le droit, et si d'autre part, il n'y pas de droit sans justice, concluons que là où il n'y a point de justice, il n'y a point de chose publique. » (*De civitate Dei*, lib. XIX, cap. XIX.)

incompatible avec tout gouvernement. Ce serait pour lui la plus grande des calamités, que de voir ainsi chaque génération condamnée, ou du moins exposée, plusieurs fois dans un siècle, aux horreurs d'une révolution. » (Maury, *Opinion sur la souveraineté du peuple*. — Assemblée nation. 1790. — Page 222, in-8°, 1852.)

— « La souveraineté du peuple ne peut aller jusqu'à s'écarter des lois fondamentales de l'ordre social. Il peut en avoir la force, mais il n'en a pas le droit, et cette force n'est que celle qu'a tout homme de transgresser les lois morales et religieuses. » (De Bonald, *Théorie du pouvoir*. Tome Ier, liv. Ier, chap. iv, p. 73, in-8°, 1841.)

« Il en coûte à un homme qui a quelque justesse dans les idées, de discuter l'opinion de la souveraineté du peuple, abstraction sans réalité, système où Dieu n'est pas, où l'homme seul est tout, faux puisqu'il est impraticable de l'aveu même de ses défenseurs. En effet, si l'on fait craindre aux apologistes de cette souveraineté que l'ignorance et les passions humaines n'égarent la faculté législative de l'homme ou du peuple, ils vous répondent, tantôt avec Jurieu : « que le peuple est la seule autorité qui n'ait pas besoin d'avoir raison pour valider ses actes », tantôt avec Rousseau : « que le peuple est *juste et bon,* qu'il ne saurait *faillir* »; et par cela seul ils reconnaissent une *justice* et une *bonté* au-dessus du peuple, puisqu'il y conforme ses pensées, et une règle antérieure au peuple, dont il ne peut s'écarter dans ses actions ; et ils sont ainsi ramenés à la souveraineté de Dieu, justice, vérité, bonté essentielle, auteur nécessaire de tout ordre. » (DE BONALD, *Essai analytique,* p. 177, in-8°, 4° édition, 1840.)

— « Rousseau en est venu à étouffer l'homme dans le citoyen, et comme Lycurgue et Platon, et aussi comme Hobbes et les partisans du despotisme, à livrer les droits sacrés de l'humanité à ce qu'il appelle avec Hobbes la volonté générale, idole chimérique, susbtituée à la sainte image de la liberté et de la justice, et qui dicte ses arrêts le glaive à la main (1). » (COUSIN,

---

(1) « Lorsque la souveraineté du peuple n'est pas une sanglante vérité, elle n'est qu'une mystification ridicule. » (CHATEAUBRIAND, *Mémoires d'outre-tombe.*)

Philosophie moderne, cours de 1819, 9ᵉ leçon, tome III, page 301, in-12, 1856.)

« Si la souveraineté absolue n'appartient pas à un seul homme, elle n'appartient pas davantage à une nation. Il est absurde à Rousseau de conférer à la volonté générale ce qu'il refuse à une volonté particulière, car après tout, cette volonté générale n'est que la collection des volontés particulières, et il n'y a pas plus dans l'une que dans les autres. Toute volonté humaine, particulière ou générale, est faillible en soi ; et le jour où elle s'égare, le jour où la volonté générale, en la supposant sincère et vraie, non mensongère et controuvée, commande un crime, ce crime ne devient pas plus légitime sous le talisman de la volonté du peuple que sous celui de la volonté du monarque ; il demeure crime et doit être repoussé. Les nations peuvent être aussi injustes que les rois.

« Le nombre n'est que la force, et la force, revêtue même d'un appareil légal, ne peut prétendre au respect qui n'est dû qu'au droit. Les peuples, comme les rois, sont tenus d'avoir raison et d'être justes...

« Et qu'est-ce aussi qu'un peuple ? Une

foule, c'est tout dire ; et plus cette foule est nombreuse, plus elle est peuple, et plus c'est un être déraisonnable, emporté par la passion, divisé avec lui-même et perpétuellement inconséquent...

« Rousseau a cru faire merveille de définir la loi : l'expression de la volonté générale ; il lui ôte par là tout ce qui en fait la vertu. Si la loi n'exprime que la volonté générale, elle n'exprime qu'un fait, ce fait seulement que tant d'hommes ont voulu ceci ou cela. Soit ; ils l'ont voulu, mais avaient-ils raison de le vouloir ? Et ce qu'ils ont voulu est-il juste ? Voilà ce qu'il m'importe de savoir. La volonté en elle-même, ni la mienne, ni la vôtre, ni celle de beaucoup, ni même celle de tous, n'est un principe ni une règle ; elle n'exprime par elle-même ni la raison ni la justice, je dis par elle-même, car elle peut, par sa conformité avec la raison et la justice, leur emprunter leur autorité, et devenir ainsi, mais indirectement, un principe légitime de loi... La raison absolue n'est pas de ce monde ; elle se cache dans le sein de Dieu, où repose avec elle l'absolue souveraineté... Mais les traces de la raison éternelle sont partout ici-bas, bien qu'elle dérobe son essence à nos regards. Il faut en recueillir les traces précieuses ; elles mesurent les degrés de la souveraineté. » (Cousin, *idem*, pages 304, 305, 308, 310 et 311.)

Ces principes soutenus par les publicistes les plus éminents sont confirmés par l'autorité des souverains pontifes.

La IX⁰ proposition condamnée dans le *Syllabus* par Pie IX, est ainsi conçue : « L'autorité n'est autre chose que la somme du nombre et des forces matérielles. » (9 juillet 1862.)

Et le même pontife dans l'encyclique *Quanta cura :* « Certains hommes, ne tenant aucun compte des principes les plus anciens de la saine raison, osent publier que la volonté du peuple, manifestée par ce qu'ils appellent l'opinion publique, ou de telle autre manière, constitue la loi suprême, indépendante de tout droit divin et humain, et que, dans l'ordre politique, les faits accomplis, par cela même qu'ils sont accomplis, ont la valeur du droit. » Le Pape désapprouve cette doctrine.

Mais le pape Léon XIII est plus explicite encore : « Quant à la souveraineté du peuple que, sans tenir aucun compte de Dieu, l'on dit résider de droit naturel dans le peuple, si elle est éminemment propre à enflammer et à flatter une foule de passions, elle ne repose sur aucun fondement solide, et ne saurait avoir assez de force pour garantir la sécurité publique et le maintien paisible de l'ordre. En effet, sous l'empire de ces doctrines, les principes ont fléchi à ce point que, pour beaucoup, c'est une loi imprescriptible, en droit politique, que de pouvoir légitimement soulever des séditions ; car l'opinion prévaut que les chefs du gouvernement ne sont plus que des délégués chargés d'exécuter la volonté du peuple ; d'où cette conséquence nécessaire que tout peut également changer au gré du peuple, et qu'il y a toujours à craindre des troubles. »

Le pontife remonte ici aux principes de cette théorie qu'il trouve dans les idées de liberté et d'égalité posées à la base du système ; et il poursuit :

« Dans une société fondée sur ces principes, l'autorité publique n'est que la volonté du peuple, lequel, ne dépendant que de lui-même, est aussi le seul à se commander... De cette sorte, l'Etat n'est autre chose que la multitude maîtresse et se gouvernant elle-même.

« Ces doctrines que la raison humaine réprouve, les Pontifes romains, nos prédécesseurs, n'ont jamais souffert qu'elles fussent impunément émises... De ces décisions des Souverains Pontifes il faut absolument admettre que l'origine de la puissance publique doit s'attribuer à Dieu et non à la multitude, et que le droit à l'émeute répugne à la raison... » (Encyclique *Immortale Dei.*).

Et le même Pape dit ailleurs :

« Plusieurs, parmi les modernes, suivant la trace de ceux qui, dans le dernier siècle, se sont attribué le nom de philosophes, prétendent que la toute-puissance dérive du peuple, en sorte que ceux qui ont l'autorité dans la société, ne l'auront plus comme s'ils la possédaient en propre, mais seulement à titre de *mandataires* du peuple, et à la condition que la même volonté du peuple qui leur a confié ce mandat, puisse toujours le leur reprendre. Mais les catholiques n'admettent point cette doctrine, car ils placent en Dieu, comme en son principe naturel et nécessaire, l'origine du pouvoir de commander...

« Les théories modernes sur le pouvoir politique ont déjà causé de grands maux, et il est à craindre que ces maux, dans l'avenir, n'aillent jusqu'aux pires extrémités. En effet, refuser de rapporter à Dieu le pouvoir de commander aux hommes, c'est vouloir ôter à la puissance publique toute sa force et tout son éclat. En la faisant dépendre de la volonté du peuple, on commet d'abord une erreur de principe, et en outre, on ne donne à l'autorité qu'un fondement fragile et sans consistance. De telles opinions sont comme un stimulant perpétuel aux passions populaires, qu'on verra croître chaque jour en audace et préparer la ruine publique, en frayant la voie aux conspirations secrètes et aux séditions ouvertes. » (Encyclique *Diuturnum illud*.)

Ainsi la théorie de la souveraineté du peuple est réprouvée par la saine philosophie et par la doctrine catholique.

19. — Des constitutions en général.

J'aborde maintenant une question importante, celle de la constitution des sociétés et des formes de gouvernement. Il faut sur ce point rétablir les principes et formuler des vérités qui vont à l'encontre des idées accréditées par l'école de la Révolution.

L'homme a toujours, et plus que jamais de notre temps, voulu être législateur et constituant ; il a cru qu'il était en droit de remanier à son gré la société, de la pétrir et de la jeter dans un moule préparé selon ses caprices. La vérité est qu'il faut de beaucoup réduire ces hautes prétentions. L'homme est législateur en une certaine mesure, mais cette mesure est petite ; son pouvoir est borné par la nature des choses. Il peut modifier les formes de l'état politique, mais à la condition, s'il veut que son œuvre soit bonne et durable, de ne point bâtir en dehors des lois naturelles et supérieures sur lesquelles le suprême Législateur a fondé la société. Il peut reconnaître ces lois et les appliquer ; en dehors de cela, il est impuissant. L'homme n'a donc pas, dans la force du mot, le pouvoir constituant ; car si constituer emporte l'idée de création, la nature seule peut créer ; et si constituer veut dire seulement établir, ordonner, on n'établit, on n'ordonne que d'après les lois préexistantes de l'ordre, lesquelles sont indépendantes des volontés humaines.

Ce langage pourra paraître trop absolu à quelques-uns, et pourtant il ne fait qu'appliquer à l'ordre social les notions et les lois de l'ordre universel de la création.

Un architecte ne peut bâtir un édifice solide qu'en appliquant les lois de l'équilibre et de la statique, lesquelles ne dépendent pas de lui. Le chimiste dans ses combinaisons est dominé par les lois naturelles de l'affinité et de l'agrégation des éléments de la matière. L'agriculteur sent au-dessus de lui les lois de la végétation, et le médecin celles de la vie physiologique. Pourquoi ne voudrait-on pas que le pouvoir du législateur fût circonscrit par les lois du monde social ? Celui qui a imposé des lois physiques à l'univers matériel, n'en aurait-il pas donné à la société morale et politique ? N'était-il pas nécessaire de contenir la liberté audacieuse et désordonnée des hommes par des principes immuables placés au-dessus de leurs atteintes, et par des lois fixes contre lesquelles rien ne saurait à la fin prévaloir ?

La constitution d'une société, si on va au fond des choses, est l'ensemble des lois ou rapports nécessaires qui existent entre les êtres dont elle est composée. Or de cette définition il résulte que, théoriquement et au point de vue logique, il ne peut y avoir qu'UNE seule constitution vraie pour toute société religieuse, familiale et politique. Car, si l'on ne peut tirer qu'une ligne droite entre deux points de l'espace, de même la ligne idéale qui exprime les rapports entre les êtres intelligents, doit être unique, si elle est la plus directe.

Mais, dans l'application, on reste toujours loin de cet idéal fourni par la logique. La société religieuse est déformée longtemps par le polythéisme et aujourd'hui encore par les sectes religieuses et les erreurs philosophiques. La constitution de la famille est ébranlée et viciée par la polygamie et le divorce ; celle de la société politique, par les erreurs sociales et les fausses combinaisons des législateurs.

C'est que l'homme n'a pas bien reconnu les

lois primitives des sociétés par l'infirmité de son intelligence, qu'il les a altérées par la perversité de sa volonté, et qu'à la place des lois primordiales il a mis ses erreurs, ses caprices et ses passions. Mais ces écarts n'ôtent rien à la vérité des principes.

Quand on étudie l'homme, on trouve qu'il est au fond toujours le même, qu'il naît partout avec les mêmes facultés essentielles, avec les mêmes passions et les mêmes besoins, et surtout, qu'en sa qualité d'être moral, il existe entre lui et les autres hommes, des rapports nécessaires qui constituent les principes éternels du devoir et du droit. Voilà ce qui forme les éléments de la constitution sociale, et la partie invariable des institutions humaines. Mais on voit aussi que l'homme se modifie, sous l'action des circonstances et du temps, selon les climats, les races, les coutumes et les mœurs. Ce sont ces modifications qui forment le caractère particulier de chaque peuple et qui doivent être exprimées par les formes diverses des gouvernements et de l'administration. C'est ce que j'appelle la partie mobile des constitutions politiques ; mais au fond il doit y avoir dans chaque constitution, une partie invariable, la même partout, qui représente ce qu'il y a d'universel dans la nature humaine et dans les rapports fondamentaux de l'ordre social. Et même dans cette partie mobile, les constitutions doivent être toujours réglées par les lois naturelles, et l'action de l'homme, encore ici, est légitime et salutaire si elle laisse la liberté à ces forces sociales latentes et y est conforme, comme elle est nuisible si elle s'exerce contre elles.

Si donc la constitution d'un peuple est l'expression des rapports essentiels à l'ordre social universel, et qu'en outre elle se trouve en harmonie avec le caractère national, alors ce peuple est dans le droit parfait ; mais cet état de perfection n'a complètement existé nulle part, à cause de l'imperfection de l'homme qui amène celle des institutions politiques comme une conséquence inévitable.

Une société sera plus ou moins imparfaitement constituée, selon qu'il y aura plus ou moins de ces rapports nécessaires qui seront violés. Alors la société sera agitée, les lois seront instables, la nation se retournera comme un malade sur sa couche, pour trouver le repos qui la fuit. Les tendances naturelles des éléments sociaux contrariées par la résistance des institutions irrégulières, et luttant contre elles, il se produira un malaise général et indéfinissable.

Cette lutte des tendances naturelles et des faits perturbateurs introduits dans le régime social, si elle se prolonge, amènera des révolutions, où le peuple peut périr, et du moins longtemps s'agiter, jusqu'à ce que les faux principes soient éliminés et que, comme le dit Rousseau, « l'invincible nature ait repris son empire ». (*Contrat social*, liv. II, chap. xi.)

Quelques-uns trouveront peut-être que ces idées ressemblent trop à des abstractions. L'application de cette théorie à un fait bien simple, pourra faire comprendre qu'elle n'a rien de chimérique. Vous avez pu remarquer, plus d'une fois, que par l'inexpérience de l'administration publique ou par l'effet d'une influence particulière, une route est détournée de la direction naturelle qu'indiquaient la topographie et l'intérêt général. Alors des réclamations s'élèvent, il s'établit une lutte qui va toujours grandissant jusqu'à ce que satisfaction soit donnée aux intérêts lésés par une *rectification* exigée par la nature même des choses.

Ce qui se fait ici en petit est l'image de ce qui se fait en grand dans la constitution des sociétés.

Il y a donc une constitution parfaite pour la société. C'est le type idéal proposé aux méditations du philosophe ; la science politique consiste à en découvrir, à en déterminer les lois et à s'y conformer dans l'application. Le législateur doit s'en rapprocher le plus possible et ne jamais s'en écarter dans les points essentiels.

Interrogé s'il avait donné les meilleures lois au peuple d'Athènes, Solon répondit : « Les meilleures qu'il puisse supporter. » Le législateur, en effet, est souvent gêné dans son œuvre par les faits précédents et par l'état moral du peuple à qui il doit donner des lois ; mais s'il ne peut pas imposer les meilleures lois, il doit au moins n'en donner que de bonnes. Une constitution ne doit pas se plier aux vices des hommes, puisque son but doit être de les redresser. De mauvaises lois ajoutent encore à la dépravation d'un peuple et accélèrent sa ruine.

Le législateur doit agir avec une grande prudence, non d'après des idées préconçues, mais consulter surtout l'expérience. Il faut étudier le passé, et reconnaître l'esprit national qui a son expression dans le caractère, les mœurs et l'histoire d'une nation. Quand un peuple a vécu, grandi et prospéré avec des institutions séculaires, c'est la preuve certaine que ces institutions sont bonnes et conformes à son génie. Le temps est la pierre de touche des constitutions politiques.

On voit que les constitutions politiques pour être bonnes doivent être naturelles, c'est-à-dire être avant tout l'œuvre du temps et de la nature. Dans leur formation, l'action des lois de la sociabilité humaine est prépondérante, et la volonté de l'homme très secondaire.

Une constitution naturelle plonge ses racines dans le passé d'un peuple, et dans les faits de sa vie historique ; elle est entée, pour ainsi parler, sur les coutumes primordiales ; elle n'est que la déclaration de droits déjà en vigueur et ne fait que constater des rapports vrais et une situation acquise et lui donner une sanction plus solennelle, si on vient à l'écrire et à la rédiger par articles. Le développement des constitutions que j'appelle *naturelles* se fait progressivement, comme par une lente et sourde végétation, sans secousses ni soubresauts ; en sorte qu'il est souvent impossible d'en constater historiquement les transformations qui s'accomplissent d'une manière inconsciente par l'impulsion des forces sociales.

C'est ainsi que la constitution physiologique d'un individu se développe dans les diverses phases de son existence : l'enfance, la jeunesse, l'âge viril nous le montrent sous des formes différentes, et pourtant, au fond, c'est toujours le même homme.

On peut dire la même chose d'un peuple qui, à travers les changements de sa vie nationale, conserve néanmoins les traits principaux de sa constitution sociale. La marche de la nature va ainsi de soi ; elle n'est contrariée ou interrompue que par les maladies chez les individus, et chez les peuples par les révolutions, qui sont les maladies des corps politiques.

On peut poser en principe qu'aucune constitution viable n'est sortie, d'un jet, du cerveau d'un législateur, comme Minerve du cerveau de Jupiter. C'est un axiome écrit dans toute l'histoire ; Lycurgue, Solon, Mahomet et les autres ont construit leur œuvre avec les éléments des institutions déjà existantes ; ils ont bâti sur ces coutumes antérieures et emprunté au passé les matériaux de leur édifice politique.

C'est ce qui est formulé ainsi par Joseph de Maistre : « Plus on examinera le jeu de l'action humaine dans la formation des constitutions politiques, et plus on se convaincra qu'elle n'y entre que d'une manière infiniment subordonnée, ou comme simple instrument, et je ne crois pas qu'il reste le moindre doute sur l'incontestable vérité des propositions suivantes :

« 1° Que les racines des constitutions politiques existent avant toute loi écrite ;

« 2° Qu'une loi constitutionnelle n'est et ne peut être que le développement ou la sanction d'un droit préexistant et non écrit. » (*Essai sur le principe génér.* n° 9.)

Et Benjamin Constant lui-même a dit : « Les constitutions se font rarement par la volonté des hommes ; le temps les fait ; elles s'introduisent graduellement et d'une manière insensible. Cependant il y a des circonstances qui rendent indispensable de faire une constitution ; mais alors ne faites que ce qui est indispensable ; laissez de l'espace au temps et à l'expérience, pour que ces deux puissances réformatrices dirigent les pouvoirs déjà constitués dans l'amélioration de ce qui est fait. » (*Cours de politiq.* — *Réfl. sur les const.* chap. IX, tome Ier, p. 271.)

La constitution anglaise si admirée de nos jours, n'est pas autre chose que le résultat de la lente élaboration des siècles, et non le produit des élucubrations des hommes politiques. Voici sur ce point le témoignage des historiens et des hommes d'Etat :

Lord John Russel : « Il se peut que notre liberté soit comme un type de monnaie effacé et altéré, mais cette monnaie vaut mieux encore que toutes les garanties de papier qu'on pourrait nous offrir... La liberté nous couvre et s'adapte à nous comme nos habits. Ce qui nous reste des anciens temps, avec nos institutions en décadence, est plus solide et nous plaît mieux qu'une constitution nouvelle, si admirable soit-elle, qui nous demanderait de nouvelles maximes de conduite, et une autre manière de sentir, en fait de droit et de justice. » (*An Essay* etc., ch. XXXI, 1865.)

Macaulay : « La constitution actuelle de notre pays est à la constitution sous laquelle il prospérait il y a 500 ans, ce que l'arbre est à la bouture, l'homme fait au jeune garçon ; jamais il n'y eut, dans notre histoire, un moment où le corps principal de nos institutions n'existât pas depuis un temps immémorial. » Cité par PÉRIN, *Les lois de la société*, tome II, p. 38, in-12.

M. Laboulaye : « La constitution de l'Angleterre est la loi non écrite d'un peuple qui obéit à la tradition, et qui, alors même qu'il poursuit une réforme, se tourne avec confiance vers le passé, et demande des leçons à l'histoire plutôt qu'à la philosophie. » (*Hist. des Etats-Unis*, tome 1er, p. 32, in-12.)

Freeman : « On ne peut pas dire de l'Angleterre ce qu'on dit de diverses autres nations : qu'elle s'est donné une constitution. Jamais l'Angleterre ne s'est fait une constitution. On ne voit pas le moment où les Anglais ont rédigé leur système politique, dans la forme d'un acte spécial, soit en s'inspirant des abstractions d'une théorie politique, soit en copiant le système politique admis, dans le passé ou le présent, par quelque autre nation. Sans doute, on rencontre dans notre passé certains actes publics qui sont comme des jalons dans notre histoire politique. Il y a la grande charte, la pétition et le bill des droits. Mais aucun de ces actes ne se présente comme décrétant rien de nouveau. Tous ont pour but d'établir avec une nouvelle force et une plus grande clarté, les droits possédés depuis longtemps par les anglais... Toujours ces changements ont été l'application de principes anciens à des situations nouvelles. Ce furent toujours des réparations soigneusement faites à un vieil édifice ; jamais on ne songea à abattre le vieil édifice pour en élever un nouveau. » (*The Growth of the english constitution.* London 1872, p. 54.)

Ainsi ce qui fait la force de la constitution anglaise, ce sont les mœurs politiques, le respect des traditions nationales, l'amour des institutions séculaires et le mépris de l'esprit d'innovation qui tourmente la France et n'y laisse rien de stable.

Ce qu'on dit de la constitution anglaise peut s'appliquer facilement et d'une manière exacte à notre pays. La France aussi avait sa constitution naturelle, non formulée dans une charte, mais comme le disait le sage Jérôme Bignon, « escrite ès cœurs des Français » (*Traité de l'excellence du royaume de France*, 1610), constitution expression des mœurs nationales, qui s'était développée avec le temps en se prétant aux transformations de la nation pendant quatorze cents ans, avait placé la France à la tête de l'Europe, et en avait fait, selon l'expression de Grotius, « le plus beau royaume après celui du ciel » (*Epist. ad Ludovicum XIII*).

Chez nous, depuis cent ans, les choses ne vont plus ainsi ; c'est une opinion presque universelle en France, qu'on peut refaire la société et les institutions tout d'une pièce et d'après un plan philosophique élaboré dans le cerveau d'un homme politique. Nous faisons d'abord table rase de tout ce qui existait, et nous mettons bravement à reconstruire. C'est ce qu'on peut appeler la manie des constitutions artificielles.

Cette aberration a sa source dans l'idée que la société est une œuvre de l'homme et un produit des conventions. De là découle logiquement la conséquence que chaque peuple doit se faire sa constitution et qu'il lui est loisible de bouleverser la société selon les vues de sa propre raison et même de ses caprices.

Cette prétention fut en politique l'erreur de la philosophie du XVIIIe siècle. On vit chaque écrivain politique se poser en législateur et proposer ses élucubrations au public. Locke rédigea une constitution pour la Caroline ; Rousseau en élabora deux, l'une pour la Corse et l'autre pour la Pologne, et il eut pour concurrent dans cette dernière entreprise, Mably dont les écrits répandirent cet esprit d'innovation funeste, et fut le précurseur de Sieyès et de cette foule de législateurs qui formèrent l'Assemblée constituante de 1791. « Le rêve des constitutions sur le papier, des mécanismes politiques abstraits, était alors le rêve, comme il l'a été depuis, de tous les législateurs, des sages comme des fous, des honnêtes gens abusés comme des intrigants, des fanatiques et des scélérats. » (Amédée DE MARGERIE : *Le comte J. de Maistre*, in-8º, p. 182, 1883.)

Les nouveaux législateurs sont à l'œuvre ; voyons comment ils procèdent. Il ne s'agit pas pour eux de trouver une constitution pour telle ou telle nation ; il n'y a plus pour eux des français, des allemands, des américains : il faudrait pour cela observer les mœurs, les besoins et le génie d'un peuple. Leur méthode est plus large, c'est l'abstraction et la théorie philosophique ; ce qu'ils veulent faire, c'est une constitution pour l'homme en général, et ils se mettent à la recherche de cet être jusqu'alors inconnu.

Ils ont sous leurs yeux un homme façonné par la société antérieure, noble, bourgeois ou roturier ; propriétaire, ouvrier ou paysan ; ignorant ou lettré. Tout cela est œuvre du passé, le produit d'abus séculaires ; la science nouvelle n'en saurait tenir compte. Ce qu'il faut, c'est l'homme naturel, tel qu'il est en soi, dans tous les lieux et dans tous les temps. On isole l'individu de tout état particulier, on le dépouille de tous les signes extérieurs qui le distinguent, on retranche toutes les différences pour ne garder que ce qui est commun et essentiel à tous ; et l'opération terminée, le résidu qui reste au fond du creuset, c'est l'homme. Réunissez-en un million, dix, vingt millions, vous avez un peuple quelconque. Ces hommes tous égaux, sans lien de famille, sans traditions, se rassemblent ; un philosophe leur présente son plan de constitution qui est examiné, discuté et adopté à l'unanimité ; voilà un peuple constitué, et cette constitution sera à la mesure de tous les peuples, parce qu'elle est prise et taillée à la mesure de l'humanité.

Il suit de là, pour les partisans de ce système, qu'il n'y a de société légitime que celle qui est construite de cette façon ; que c'est un droit et un devoir de jeter bas les établissements politiques qui ne concordent point avec les données théoriques. Aussi, le caractère propre de l'esprit révolutionnaire est le mépris et la haine des institutions du passé, et la prétention d'imposer, même par la violence, les conspirations et les armes à la main, les principes de cette nouvelle législation.

Mais l'expérience a donné de cruels démentis à ces rêves et à ces espérances. La France, entrée dans cette voie des utopies, s'épuise en efforts impuissants pour trouver le repos et la fixité. Elle a vu, depuis 1791, se succéder douze à quinze constitutions, sans compter les essais et retouches. Mais à ce travail stérile, les forces vitales d'un peuple s'épuisent ; et si cette manie de constituer continue, notre pays ne pourra résister à ces périodiques expérimentations. Le plus robuste tempérament d'un peuple s'y userait.

20. — LES DEUX LOIS GÉNÉRALES DE LA SOCIÉTÉ : L'AUTORITÉ ET LA LIBERTÉ. — CARACTÈRES ESSENTIELS DU POUVOIR ET DE LA LIBERTÉ.

Quand on jette un regard d'ensemble sur les sociétés en général, on découvre qu'elles sont constituées sur deux principes universels : l'autorité et la liberté. Ces deux éléments représentent les besoins de la nature humaine ; ils sont au fond de toute organisation politique ; ce sont les deux pôles du monde social.

L'autorité, c'est la permanence, c'est la stabilité, la raison de l'ordre, la condition de la liberté, le principe de l'unité et de l'identité nationales. — La liberté, c'est le mouvement, l'activité, la vie à tous les points de la circonférence (1).

---

(1) L'autorité, le pouvoir est le premier élément de l'ordre social, la condition nécessaire de toute société, c'est la loi première et constitutive entre les lois naturelles et divines. Aussi le pouvoir en soi est indestructible. S'il est détruit par un choc violent, par une révolution, il renaît de lui-même et se reconstitue par la force des choses. —

L'union et l'harmonie de ces deux forces et leur conciliation dans un juste équilibre, sont donc la condition indispensable de la paix dans l'Etat et du bonheur des citoyens.

Supprimez l'un de ces deux éléments, que devient le monde ? Sans l'autorité, tout va à la confusion et à l'anarchie ; la liberté absente, tout est en proie à l'arbitraire et au despotisme.

Le pouvoir est le centre de gravité qui retient les éléments sociaux dans leur orbite, et la liberté est la force d'impulsion sans laquelle il n'y aurait pas de mouvement. Ainsi dans l'ordre politique comme dans le système planétaire, deux forces opposées se balancent, et de

---

C'est là ce qui est écrit dans toute l'histoire. — M. Creuzé de Lessev a dit très bien : « Puisque l'homme est fait pour être gouverné, et ne peut même sans cela exister en société, la question est de savoir qui le gouvernera. Voilà pour quel résultat tout un peuple s'agite, cherche à renverser l'ordre établi et y réussit quelquefois. Il a beau faire, quand il a passé par l'anarchie et tous les désordres, s'il a eu le bonheur de ne pas y périr, il finit toujours par être gouverné, et presque toujours plus durement. » (*La liberté*, p. 14, in-8°. Paris, 1833.)

leur combinaison réciproque naît le mouvement dans l'harmonie.

Les uns veulent que l'autorité soit tout et fasse tout, et que son ressort se tende jusqu'à la compression de toute initiative particulière. Les autres demandent que la liberté aille sans frein, et ne donnent aucune limite à son essor.

Posons au contraire comme un principe irréfragable que le pouvoir et la liberté doivent coexister et se tempérer, pour produire l'ordre et le progrès, et entrer à des doses à peu près égales dans toute bonne organisation politique. C'est le problème éternellement posé à la science politique et que la sagesse des hommes d'Etat doit s'efforcer de résoudre.

Pour arriver à cette solution, il importe avant tout de connaître et de préciser les caractères essentiels du pouvoir et de la liberté.

Le pouvoir considéré en général a ses lois essentielles et qui ressortent de la nature même des choses. Les volontés humaines qui sont libres et toujours courtes par quelque endroit, peuvent méconnaître ces lois, mais il n'est pas en leur pouvoir de les détruire, parce que la liberté de l'homme ne saurait prévaloir contre la volonté de Dieu, qui a créé les lois de la société (1).

Le premier caractère du pouvoir est l'*unité*. Le pouvoir peut et doit même être entouré de garanties, tempéré par des contrepoids, réglé par des lois fondamentales écrites ou vivantes dans les traditions, pour qu'il soit soustrait à ses propres entraînements, mais il ne doit pas être partagé, son essence est d'être *un*. Il faut l'unité pour prévenir le choc et les tiraillements entre deux forces rivales, empêcher la formation de partis contraires et assurer le mouvement paisible et sûr de l'ordre social. C'est une loi générale : L'univers se meut sous la volonté unique de son auteur, la famille n'a qu'un chef, une armée qu'un général, les sociétés industrielles qu'un gérant.

Et par une conséquence naturelle et logique, le pouvoir tend à se *personnifier*, à se concentrer dans une seule personne. Si, méconnaissant la nature, les hommes veulent diviser le pouvoir,

---

(1) Ces caractères du pouvoir : *unité, stabilité* et *perpétuité*, se trouvent dans la constitution de la famille. (Voir 4, ci-dessus. Chap. III, n°s 4, 5, 6 et 7.)

cette loi de l'unité réagit aussitôt et fait effort pour reparaître ; la force des choses y ramène les peuples qui s'en écartent. « Il n'y a pas, lit-on dans Tacite, d'autre remède aux discordes de la patrie, que de revenir au gouvernement d'un seul. » *Annales*, liv. I, n° 9. (Telle fut, à Rome, la raison de la dictature et de l'établissement du régime impérial (1).

Un philosophe éminent, M. de Bonald, a reconnu hautement cette personnification du pouvoir, et il avance *comme un fait* que : « l'unité même physique du pouvoir existe toujours dans toute société, c'est-à-dire qu'il n'y a jamais qu'un seul à la fois qui énonce une volonté et commande une action dans la société. » (*Essai analytique*, chap. III.)

La vérité de cette proposition est évidente dans la famille, et il est inutile d'insister. Elle est évidente aussi dans la monarchie, puisqu'elle est, selon la force même de l'étymologie, le gouvernement d'un seul, — Μονος seul, αρχή pouvoir.

Cette loi de l'unité physique du pouvoir se

---

(1) « *Non aliud discordantis patriæ remedium quam ut ab uno regatur.* » (TACITE, *Annales*, I, 9.)

montre aussi, malgré les apparences contraires, dans les Etats populaires.

Les gouvernements aristocratiques ont un président, des doges, des podestats en qui le pouvoir, en fin de compte, finit par se personnifier.

« Dans les démocraties, dit M. de Bonald, toute assemblée doit être en nombre impair ou avoir la faculté de s'y réduire en cas de partage, et on suppose même ce nombre impair là où il n'existe pas en supposant un votant qui n'existe point, ce qu'on appelle donner à quelqu'un la voix prépondérante ; car le nombre impair est celui où *l'unité* excède et domine : sans cela cent mille opinions pourraient ne jamais devenir une volonté, cent mille bras ne jamais faire une action, et cent millions d'hommes ne jamais former une société. » (*Essai analytique*, chap. III, page 92, in-8º, 1840.)

Voilà aussi pourquoi les gouvernements révolutionnaires en France sont constitués en nombre impair : les cinq membres du directoire, puis trois consuls, jusqu'à ce qu'enfin le pouvoir se personnifie ouvertement : un consul pour dix ans, puis à vie, et enfin un empereur.

L'unité du pouvoir dans la société religieuse et sa personnification sont aussi des faits visibles. Dans le catholicisme, le pouvoir se personnifie dans le souverain Pontife, qui l'exerce dans la sphère de la constitution de l'Eglise tracée par l'Homme-Dieu. Il en est de même chez toutes les sectes religieuses. Moïse, Zoroastre, Confucius, Mahomet, Arius, Luther, Calvin, c'est toujours un homme qui a voulu et dont la volonté règne encore sur ses sectateurs. Ils sont encore législateurs, et leurs noms inscrits au front des sectes attestent la personnification du pouvoir dans chacun d'eux.

La seconde condition essentielle du pouvoir est d'être *souverain* dans son ordre, indépendant, sans pouvoir au-dessus de lui, jugeant et commandant en dernier ressort, et pour parler la langue philosophique, et malgré les préjugés contre ce mot, *absolu*, ce qui ne veut pas dire arbitraire et sans règle (1). Cela signifie

---

(1) Dans la langue usuelle de notre temps, on entend par pouvoir absolu un Etat où le pouvoir du roi n'est soumis à aucune limite légale, où le pouvoir n'est pas tempéré par des contrepoids. C'est ce qu'on appelle l'*absolutisme*. Ce n'est point

seulement que le dernier mot dans le commandement doit rester au pouvoir, c'est-à-dire, si on l'entend bien, à la loi, car le pouvoir dans sa vraie notion n'est pas la volonté capricieuse de l'homme, mais celle de la loi qui est seule souveraine.

Cela s'applique à tous les pouvoirs, quelle que soit la forme du gouvernement. Dans une monarchie comme dans une république, les lois du prince, les décrets des assemblées, les arrêts de la justice, doivent être, en dernier ressort, définitifs et absolus ; sans cela la souveraineté n'existe plus et l'obéissance n'est plus qu'une fiction. Ce langage répugne aux idées du temps, mais c'est celui de la nature et de la raison.

Cette doctrine est celle des maîtres de la science politique. « Je m'étonne, dit M. de Bonald, qu'avec autant d'esprit qu'elle en avait,

---

le sens de notre thèse ; nous ne considérons le pouvoir qu'en général et dans son essence. Quelles que soient les formes du pouvoir, monarchique, démocratique, mixte ou tempéré, le pouvoir, en dernière analyse, est toujours nécessairement absolu.

Mme de Staël ait confondu le pouvoir absolu avec le pouvoir arbitraire. Le pouvoir absolu est un pouvoir indépendant des hommes sur lesquels il s'exerce ; le pouvoir arbitraire est un pouvoir indépendant des lois en vertu desquelles il s'exerce.

« Tout pouvoir est nécessairement indépendant des sujets qui sont soumis à son action ; car s'il était dépendant des sujets, l'ordre des êtres serait renversé, les sujets seraient le pouvoir et le pouvoir le sujet. Pouvoir et dépendance s'excluent mutuellement, comme rond et carré... Mais le pouvoir s'exerce en vertu de certaines lois qui constituent le mode de son existence et déterminent sa nature, et quand il manque à ses propres lois, il attente à son existence, il se *dénature* et tombe dans l'arbitraire. » (*Observations sur un ouvrage de Mme de Staël. Mélanges Philos.* § 5. Tome II, p. 444, 445.)

Fénelon dit de même : « Il faut nécessairement que tout gouvernement soit *absolu*. Je n'entends point par absolu un pouvoir arbitraire de faire tout ce qu'on veut, sans autre règle et sans autre raison que la volonté despotique d'un seul ou de plusieurs hommes...

Par pouvoir *absolu*, je n'entends autre chose qu'un pouvoir qui juge en dernier ressort. Dans tout gouvernement, il faut une telle puissance suprême ; car, puisqu'on ne peut pas multiplier les puissances à l'infini, il faut nécessairement s'arrêter à quelque degré d'autorité supérieur à tous les autres et dont l'abus soit réservé à la connaissance et à la vengeance de Dieu seul... En toute espèce de gouvernement, il faut toujours qu'on soit soumis à une décision souveraine, puisqu'il implique contradiction de dire qu'il y ait quelqu'un au-dessus de celui qui tient le plus haut rang. » (*Essai philos. sur le gouvern. civil*, chap. v, p. 52, 53. *Œuvres*, tome V, Lefèvre, 1839.)

Ecoutons encore Bossuet : « C'est autre chose que le gouvernement soit absolu, autre chose qu'il soit arbitraire. Il est absolu, par rapport à la contrainte, n'y ayant aucune puissance capable de forcer le souverain qui en ce sens est indépendant de toute autorité humaine. Mais il ne s'ensuit pas de là que le gouvernement soit arbitraire, parce que outre que tout est soumis au jugement de Dieu, ce qui convient aussi au gouvernement qu'on vient de nommer arbitraire, c'est qu'il y a des lois dans les empires, contre lesquelles tout ce qui se fait est nul de droit ; et il y a toujours ouverture à revenir contre, ou dans d'autres occasions, ou dans d'autres temps (1). Et c'est là ce qui s'appelle le gouvernement légitime, opposé par sa nature, au gouvernement arbitraire. » (*Politique tirée de l'Ecrit.* Liv. VIII, art. 2, prop. Ire *Œuvres*, t. IX, p. 913.)

Enfin le troisième caractère du pouvoir est la stabilité, ou pour mieux dire, *la perpétuité*. L'Etat (*status, statum*) est, selon la force du mot, un établissement fixe, permanent. Mais le pouvoir est l'âme de l'Etat, la raison de son identité à travers les siècles. L'Etat ne sera donc

---

(1) « *Summum esse, et aliis subjici contradictorium est.* » (Th. Hobbes.)

« Il faut que celui qui devra limiter le pouvoir ait un pouvoir plus grand ou du moins égal à celui qui est limité ; mais alors c'est le dernier et non le premier qui a l'autorité suprême, ce qui implique contradiction. » (Em. Kant.)

« Le contraire de l'arbitraire, logiquement et grammaticalement parlant, c'est l'absolu. » (Cousin, *Fragments philosophiques*. — Cités par de Bonald, *Démonstration du principe const.* Pages 122, 123. In-8°, 1840.)

pas stable si le pouvoir ne l'est pas ; c'est la condition essentielle de la vie du corps social.

La société est perpétuelle comme le genre humain, et le besoin du pouvoir la suit à chaque moment de son existence. Quand le pouvoir s'interrompt, et qu'il faut le créer périodiquement par l'élection, alors la société vit dans le provisoire, elle passe par des crises et des agitations dangereuses au milieu des compétitions et des ambitions déchaînées, car c'est toujours une grosse affaire que de remonter ce grand ressort.

« Le pouvoir, dit Ancillon, doit avoir le caractère de la durée et de la permanence ; on dirait de l'*éternité*, si ce terme et cette idée pouvaient jamais s'appliquer aux choses humaines. » (*Essais de philos.* Tome III, page 103, in-8°, 1832.) Mais les peuples ont, pour ainsi dire, tourné la difficulté, autant qu'il est possible, et le pouvoir est devenu en quelque sorte perpétuel par la transmission héréditaire du pouvoir par ordre de primogéniture dans une famille.

L'*hérédité* du pouvoir est donc la forme naturelle de la constitution du principe de l'autorité. S'il y a une vérité écrite dans l'histoire, c'est que le pouvoir, par une loi générale et invincible, tend à devenir perpétuel, et à se transmettre héréditairement. La loi d'hérédité a gouverné et gouverne encore les trois quarts au moins du genre humain. Les démocraties elles-mêmes obéissent à cette loi et finissent par s'y soumettre, et s'il leur faut un président, elles vont le chercher dans la filiation de quelque démocrate fameux.

Mais la liberté est aussi nécessaire aux peuples que l'autorité, bien que pour qu'elle existe, il faille d'abord un pouvoir pour créer et maintenir l'ordre sans lequel la liberté se perd dans l'anarchie. Ces deux principes doivent se concilier en restant dans leurs limites respectives. La liberté ne saurait être illimitée, elle a ses bornes dans les droits de chacun, mais elle a néanmoins sa sphère où elle peut vivre et se mouvoir. Il y a des droits supérieurs à toutes atteintes du pouvoir. La religion, les lois fondamentales de la famille, la propriété, la sûreté individuelle, doivent être enviables et sont au-dessus des décrets des rois et des assemblées. Ces droits sont le patrimoine sacré et inaliénable de tous les citoyens. Les lois et les constitutions n'ont d'autre but que de les protéger. Le gouvernement qui les viole, royauté ou démocratie, a un nom dans la langue politique ; c'est celui de despotisme.

Pour connaître les droits essentiels des hommes, il faut d'abord distinguer soigneusement entre l'ordre social et l'ordre politique et ne pas confondre ces deux idées. Le premier est le but, le second est le moyen. L'un est immuable, général, l'autre mobile et particulier.

Tout homme a le droit d'être respecté dans sa personne, dans sa religion, dans l'inviolabilité de son foyer domestique, dans sa propriété, dans la liberté de son travail et de son industrie. Ce sont les droits que j'appelle d'ordre naturel et social. Ces droits dérivent pour chaque membre de la société de sa qualité d'homme ; ils sont inhérents à la nature humaine, ils doivent exister sous toutes les formes de gouvernement, car ils sont antérieurs et supérieurs à toute organisation politique.

Les gouvernements ne doivent jamais les violer, puisqu'ils ne sont établis que pour en assurer la légitime jouissance. Tout gouvernement qui attaque ces droits essentiels et primordiaux, sous quelque prétexte que ce soit, même au nom de la raison d'Etat et de la nécessité de sa propre conservation (sauf peut-être des circonstances très rares et passagères), prouve par cela même qu'il est contraire à l'ordre social, et se met, du même coup, hors de la raison générale et des lois naturelles de la société. Ainsi, de nos jours, les républicains de l'école radicale qui, pour imposer les idées révolutionnaires, attaquent la liberté de la famille, la religion et la propriété, constatent en même temps par là, l'illégitimité de leurs utopies qu'ils ne peuvent établir qu'en violant les droits essentiels des citoyens.

L'ordre politique est l'ensemble des institutions et la forme de gouvernement de chaque pays. L'ordre politique n'est donc ni absolu, ni immuable, ni universel, comme l'ordre social. Tout homme tient de sa nature le droit de jouir de sa liberté personnelle, de sa propriété et des fruits de son travail, — sous ce rapport, chaque membre de la société est égal, — mais il n'est pas nécessaire, ni même possible que tous participent au gouvernement dans la même mesure. L'intelligence, la moralité, la position sociale, tout met ici entre les hommes une inégalité radicale qui ne sera jamais comblée. L'école démocratique prétend le contraire, mais la nature, l'expérience et l'histoire protestent, et réduisent à néant leurs vaines théories.

En thèse générale, c'est donc par la jouissance des droits sociaux plus que par celle des droits politiques qu'il faut juger de la bonté de la forme d'un gouvernement. Un peuple en possession des droits politiques les plus étendus, s'il abuse de cette arme redoutable et difficile à manier, peut très bien, en fait, se trouver privé des libertés les plus essentielles. La liberté alors est écrite dans la loi, et l'oppression est dans les faits. C'est ce qui s'est vu, chez nous, en 1793, et souvent aussi ailleurs.

Il faut néanmoins poser comme un principe certain que les peuples ont des droits politiques; quand la science politique établit le pouvoir comme le centre nécessaire dans toute institution sociale, elle n'entend pas un pouvoir isolé et sans limites, où la personne du monarque entraîne tout par son propre poids, où le peuple n'aurait aucune intervention dans les affaires publiques, et serait compté pour rien.

Un état bien ordonné ne se conçoit que comme

une organisation où toutes les forces intelligentes d'une nation s'exercent dans leurs sphères respectives, concourent toutes vers le bien commun qui est le but de toute société.

Ainsi dans la monarchie, au centre est le roi, l'homme-principe, l'autorité fixe représentant les intérêts permanents de la société ; au-dessous de lui et à ses côtés, sur tous les points de la circonférence, les supériorités sociales, les influences de la propriété, de l'intelligence, désignées par l'élection, et représentant les intérêts mobiles, les besoins du temps, l'activité, la vie et le progrès.

La monarchie n'est donc pas dans un homme seul, mais dans les formes sociales, mises en activité sous le principe fixe de la royauté incontestée ; la monarchie, en un mot, comme l'ont dit nos pères en 1789, « c'est le roi agissant avec la nation pour le bien de tous ».

La société doit s'appuyer sur des institutions qui suppléent à la faiblesse des hommes. Ces institutions sont diverses, les attributions qu'elles donnent au peuple sont plus ou moins étendues, mais le principe en cette matière, c'est qu'elles n'aillent jamais jusqu'à compromettre l'*unité* du pouvoir qui ne doit jamais être divisé ni ébranlé.

Une liberté incontestable des peuples est le droit de représentation qui dérive du droit de propriété. Dans la famille, les enfants ont le droit d'adresser au père des doléances ou réclamations respectueuses. De même dans l'Etat, il est de droit naturel que le peuple puisse faire des *remontrances*, comme disaient les Parlements, et exprimer leurs demandes. « Il est certain, dit un écrivain politique, que dès l'origine, les propriétaires eurent le droit de représentation ; et il est incontestable qu'ils ne peuvent être jamais dépouillés de ce droit, puisqu'il est inhérent à la propriété même. Sous nos prétendus gouvernements représentatifs, quand un décret est passé *à la pluralité*, dans les Chambres, on regarde la législation comme finie. Et point du tout, les propriétaires sur qui elle tombe ont un droit, celui d'examiner si la loi est juste, et d'en demander le redressement si elle ne l'est pas ; droit absolument séparé du législateur, puisqu'il est fait pour marcher contre ses abus ; droit inséparable de la liberté, puisqu'elle consiste à pouvoir se sauver des abus du Pouvoir. Partout où il n'y a pas de *représentation nationale* séparée du législateur, les propriétés sont livrées et les peuples ne sont plus *libres*. » (L'abbé Thorel, *De l'origine des sociétés*, chap. iv, § ii, tome Ier, p. 248, in-12, 1832.)

On peut dire aussi qu'il faut laisser une expansion à l'activité des citoyens par l'établissement des libertés provinciales et communales. Les affaires se traitent mieux ainsi sur place que par l'action du pouvoir public qui est trop éloigné, et ne doit exercer alors que la surveillance. La décentralisation est utile ; c'est aussi une liberté nécessaire pour ne point étouffer tout esprit public.

C'est sous l'action de ces lois naturelles et sur ces principes qu'on voit, dès le xiiie siècle surtout, les sociétés chrétiennes se modeler. Toutes les monarchies de l'Europe se montrent alors avec leurs institutions représentatives, leurs états généraux, leurs cortès, leurs diètes, leurs assemblées provinciales et leurs communes.

21. — Des formes du gouvernement. Leur valeur. Avantages et défauts.

La question des formes du gouvernement est complexe et se présente sous un double point de vue. En théorie, il est possible de déterminer leur caractère essentiel et de les classer selon leur valeur respective ; mais la solution, dans la pratique, dépend des temps, des lieux, des circonstances, du caractère et du génie de chaque peuple, et ne saurait être tranchée d'une manière absolue. Ce qu'il ne faut point perdre de vue, c'est qu'il faut aux hommes réunis en société des principes d'ordre et des garanties de liberté, et que ces deux biens doivent être assurés par des lois et des institutions qui ne sauraient être partout absolument les mêmes.

C'est donc une erreur d'attribuer à la forme du gouvernement une influence exclusive, mais c'est un excès plus dangereux encore de n'y attacher qu'une médiocre importance, et d'être indifférent aux formes diverses des Etats. Toutes les formes politiques ont leurs avantages et leurs inconvénients, non pas toutefois dans la même mesure. Toutes celles qui offrent à la société les moyens d'atteindre et d'assurer le bien commun doivent être tenues pour bonnes et légitimes, mais toutes ne remplissent pas ces conditions au même degré, et sous ce rapport, il en est qui ne dépassent guère le *minimum* nécessaire.

Il n'est pas rare, surtout de nos jours, de trouver des gens qui prétendent s'autoriser dans leurs doctrines d'indifférence politique par les maximes et la conduite de l'Eglise, qui traite des affaires spirituelles avec tous les gouvernements établis et s'accommode de toutes les variations politiques. Mais on ne réfléchit pas qu'il n'en saurait être autrement. L'Eglise, qui a pour mission de sauver les âmes et de les conduire au salut éternel, poursuit son but à travers les fluctuations des choses du monde et les révolutions des sociétés humaines ; son empire universel ne lui permet pas de s'arrêter aux obstacles qu'elle peut trouver dans la mobilité des institutions de chaque peuple. Cette conduite pourtant n'est pas de l'indifférence. On peut dire même que, par sa constitution et ses tendances, elle se trouve plutôt en affinité avec la monarchie qu'avec les formes démocratiques.

Il est facile, à première vue, de découvrir les avantages et les défauts de chaque forme de gouvernement. La monarchie met mieux que les autres l'unité dans le pouvoir en le plaçant dans une seule personne ; elle donne donc ainsi plus d'énergie et d'esprit de suite à l'autorité, plus de force à l'administration. Elle est plus fixe, plus stable et moins sujette aux agitations des partis et aux révolutions ; plus en rapport avec les tendances conservatrices de la société ; plus favorable au maintien de l'ordre, en éloignant par sa nature les compétitions toujours si redoutables des ambitieux. Aussi est-ce le gouvernement le plus ordinaire des sociétés humaines (1).

---

(1) J'écrivais il y a vingt ans :

« Parce que le gouvernement monarchique est le plus conforme à la nature, il est aussi le plus ancien et le plus commun. Ce n'est que tard que les villes grecques ont formé leurs républiques. L'opinion ancienne de la Grèce était celle d'Homère : « Plusieurs princes n'est pas une bonne chose ; qu'il n'y ait qu'un roi. » Rome a commencé

Ouvrez une géographie, déployez la carte du monde, et voyez la place qu'occupent les monarchies en face des républiques. En Europe vous ne trouverez que la Suisse qui mérite d'être nommée, et qui n'existerait plus si elle n'était perdue dans ses montagnes. En Asie, en Afrique, des empires gigantesques, la Chine, le Japon, l'Inde, la Perse, la Turquie ; hors de là presque rien. En Amérique, les républiques espagnoles qui se débattent entre l'anarchie et la dictature. Au nord, se montrent les Etats-Unis. C'est le seul argument de la démocratie contre notre thèse, argument bien frêle, puisque cet Etat n'a guère qu'une existence de cent ans,

---

par la monarchie, et elle y est revenue enfin comme à son état naturel. Il en est de même de presque toutes les républiques. Elles ont été gouvernées d'abord par des rois. Elles sont sorties de cet état par suite de quelques commotions, mais elles ont fini par y revenir. Les républiques italiennes, les villes libres de l'Allemagne ont disparu. Il semble que l'état républicain soit un état violent et contre nature où les nations passent mais sans pouvoir s'y pleinement reposer. » (*Mémorial de l'Allier* du 31 janvier 1872. Art. A. WILLIAM, qui était mon pseudonyme.)

qu'il se trouve sans voisin puissant, entouré de déserts et de forêts où se déverse le trop plein de sa population, et que d'ailleurs déjà des signes manifestes prouvent qu'il marche à la dissolution ou à une transformation.

Ce qui est vrai de nos jours, peut aussi se dire de l'ancien monde, où les républiques ne formaient qu'une petite partie des populations comparées aux Etats monarchiques.

Il est donc de fait que les quatre-vingt-dix centièmes au moins du genre humain ont vécu et vivent encore sous le régime monarchique. N'est-ce pas une preuve évidente que la monarchie est le gouvernement naturel des hommes ? Et comment expliquer autrement un phénomène social qui se présente avec un tel caractère d'universalité (1) ?

---

(1) Rousseau a écrit : « Il est sûr que la démocratie tend *naturellement* à l'aristocratie et l'aristocratie à la monarchie. (*Polysynodie*, chap. III. Œuvres, t. Ier, p. 292.) — Cette marche est nécessaire : le peuple ne pouvant se gouverner par lui-même, le pouvoir se concentre aux mains de quelques-uns, et par l'aristocratie, le pouvoir étant

Et que serait-ce encore si j'invoquais ici le témoignage des philosophes, des écrivains politiques, des historiens, des hommes d'Etat, même de ceux qui ont vécu sous des républiques, depuis les anciens jusqu'à ceux de nos jours, et tous unanimes à reconnaître la monarchie comme le gouvernement le meilleur, le plus naturel et le plus en harmonie avec les besoins de la société.

Mais la monarchie a aussi ses écueils, l'arbitraire de la volonté royale, les influences funestes de l'atmosphère de cour ; et c'est pour parer à ces dangers qu'elle a besoin d'être tempérée par des lois fondamentales et des institutions représentatives. Ce qu'il faut dire, c'est que ces abus ne sont que la suite des imperfections inévitables des hommes, et qu'elles ne dérivent point logiquement de la nature de l'institution monarchique.

Le gouvernement aristocratique, en plaçant le pouvoir entre les mains des classes les plus

---

divisé et tiraillé entre les ligues et factions des chefs, le pouvoir tend à l'unité qui se trouve essentiellement dans la monarchie.

éclairées, les plus influentes par leurs richesses, leurs lumières et leurs traditions, fournit encore une base large et forte à l'organisation politique. A Sparte, à Rome, à Florence, à Venise, en Angleterre, l'élément aristocratique plus ou moins mêlé, mais prédominant au fond, a produit de puissants gouvernements et fait de grandes choses. Les aristocraties ont aussi leurs abus dérivant des personnes ; elles tendent à devenir oppressives et enfantent des agitations intestines, et ne vivent guère sans des luttes civiles.

La démocratie semble, au premier abord, devoir donner plus de satisfaction à la liberté, mais c'est toujours aux dépens de l'ordre. La force démocratique est une puissance qui peut avoir, par moments, une grande énergie d'expansion et éblouir par son éclat ; mais cette force désordonnée va par soubresauts et sans suite ; et cette forme politique, par les défauts inhérents à la multitude, dégénère promptement en anarchie, pour aboutir fatalement au despotisme d'une assemblée ou d'un maître.

On a voulu souvent ne juger de la bonté des gouvernements que par les bons ou mauvais résultats qu'ils donnent. Cicéron, pour caractériser les formes gouvernementales, paraît s'attacher plutôt à l'usage qu'on fait de l'autorité qu'à l'organisation du pouvoir, et il s'appuie de l'autorité de Platon, qui pensait qu'un Etat ne serait heureux qu'en étant dirigé par des hommes éclairés et vertueux. (CICÉRON — voir les textes dans Bernardi, — *La République*. Tome I*er*, pages XXXIV et 101.) Aristote aussi attribue plus d'influence à la vertu des gouvernants qu'à la forme du gouvernement. Cela est vrai dans une certaine mesure, mais n'embrasse pas la question dans toute son étendue. Voir les textes d'Aristote. (*Politique*. Liv. III, chap. IV et V, Tome I*er*, p. 192 et suiv.)

On dit donc : Tout gouvernement est bon lorsqu'il tend au bien général et qu'il l'assure ; mais il reste la question : Toutes les formes de gouvernement sont-elles également propres à atteindre à ce but ?

Il faut dire, au contraire, que les formes de gouvernement ne sont bonnes que relativement, et ne pas les placer sur la même ligne. Elles seront plus ou moins bonnes selon qu'elles seront plus ou moins ordonnées selon les lois naturelles des choses, et conformes au type idéal des formes politiques. En se plaçant dans telle ou telle forme de société, les peuples subiront nécessairement les conséquences de leur choix ; il y aura pour eux des effets logiques de bien ou de mal, d'harmonie et d'ordre ou de tiraillements et de malaise. Et ces effets résulteront de l'action secrète des principes violés, principes dont la raison est dans les lois établies par Dieu et qui résultent des rapports et de la nature des choses.

Le pouvoir est l'âme de la société ; et c'est de son organisation que découlent les formes politiques ; elles seront plus ou moins parfaites selon que le pouvoir y sera organisé selon ses lois essentielles. Voilà le critérium qui nous servira dans cette discussion, pour juger les formes de gouvernement, et déterminer leur valeur.

Or, comme nous l'avons déjà établi (art. 20, p. 250-257), les caractères essentiels du pouvoir sont d'être *un*, *souverain* en dernier ressort, *stable* et *perpétuel*. Examinons maintenant chaque forme de gouvernement à la lumière de ces principes, pour déterminer dans quelle mesure chacune répond à ces conditions essentielles.

Il est clair, au premier coup d'œil, que le

pouvoir dans la monarchie pure est revêtu de tous ces caractères, et il semble inutile de les dégager par un plus long examen.

Mais il arrive que le gouvernement monarchique est dénaturé par l'introduction d'un élément hétérogène qui le vicie dans ses conditions essentielles. Telle est la monarchie élective.

N'est-il pas évident qu'une nation obligée, à la mort du monarque, de constituer son pouvoir central, ne pourra manquer d'être en proie à toutes les agitations d'un enfantement si laborieux ? Cette fièvre d'élection périodique et à terme prévu ne sera-t-elle pas aussi nuisible à la liberté véritable qu'à la prospérité générale ? Est-il de l'intérêt d'un peuple que la vie nationale soit ainsi suspendue ?

Sous le régime de l'élection, tous les ambitieux sont en éveil, et guettent l'heure de l'échéance pour s'emparer du pouvoir par l'intrigue et souvent à main armée. Et ce n'est point toujours le génie ou l'honnête homme qui arrive, mais le plus souvent la médiocrité doublée de l'astuce et de l'audace. L'histoire est là pour nous en convaincre, et pour le compte de notre pays, nous n'avons qu'à nous souvenir depuis 80 ans.

L'élection peut bien, dans certaines circonstances, et par exemple en face d'un péril qui menace l'Etat, porter au pouvoir un homme de génie, parce qu'alors les passions se taisent, que la nécessité parle, et que les hommes, sous la pression des événements, ne suivent plus que la voix de la nature ; mais, hors de ces moments de crise qui ne permettent pas l'hésitation ni les cabales, l'élection est aveugle et d'ordinaire incapable de découvrir le vrai mérite et la vertu. Rome ne porte au pouvoir et ne choisit guère pour empereurs que des furieux imbéciles ou des scélérats. En France, quatorze siècles ne nous ont donné que quelques princes qui font tâche dans notre histoire. Et cent ans de régime électif ont produit chez nous Bonaparte, et avant lui Robespierre, des légions de conventionnels et Barras, sans compter le reste qui est venu depuis par les plébiscites (1).

---

(1) Rousseau, dans ses *Consid. sur le gouvernement de Pologne*, a traité cette question de la monarchie élective. Selon lui, « au moment où la couronne deviendrait héréditaire, la Pologne pourrait dire adieu à sa liberté. » (Chap. VIII,

Ce qu'il faut dire aussi, c'est que ce principe électif est le dissolvant actif de la monarchie et des nationalités. L'Allemagne, qui était sortie du droit héréditaire monarchique depuis Charlemagne, n'est arrivée à l'unité politique que de nos jours ; et la France la possède depuis des siècles. La Pologne, qui a voulu élire ses rois, a vu s'introduire chez elle les influences de l'étranger, et a perdu sa nationalité. C'est

---

p. 162.) Ce que les Polonais appelaient leur liberté, c'était le droit pour les nobles d'élire le roi. Dans ces termes, il est clair que la liberté et l'hérédité monarchique ne peuvent coexister. Mais la question a un sens plus général, et Rousseau ne l'aborde pas.

Au chap. XIV, Rousseau traite de l'élection des rois ; il savait bien que la cause de l'anarchie et de la décadence de la Pologne venait de ce régime électif, il n'en maintient pas moins l'utilité de l'élection, « pour éviter la monarchie qui amène la servitude ». — Les élections produiraient l'ébranlement de l'Etat, les interrègnes, l'intervention des étrangers dans les affaires intérieures, les brigues, les conflits et l'anarchie ; il en convient. Il cherche un remède, et que propose-t-il ? De tirer le roi au sort entre les palatins. Il assure gravement que c'est le meilleur

une loi de l'histoire. Cicéron (*République*, liv. II, chap. XIII), paraissant se prononcer pour la monarchie élective, M. Villemain, le traducteur, ajoute en note : « On ne s'attend pas, sans doute, à nous voir soutenir une thèse contraire ; d'ailleurs, la question est jugée depuis longtemps ; et il suffit d'ajouter un fait. Depuis tant de siècles, dans l'Europe

---

moyen de résoudre le problème et de prévenir tous les inconvénients. Mais il faut lire cette plaisante dissertation. (*Œuvres*, tome Ier, p. 497-504. Edit. Lefèvre, 1839.)

Mably, qui, en même temps que Rousseau, traçait un plan de constitution pour la Pologne, proposait l'établissement d'une monarchie héréditaire, et c'est là qu'il voyait le remède aux maux de cette nation. Voir les raisons très sensées et décisives qu'il en donne. (*Du Gouvernement de la Pologne*, 2e partie, chap. V, *Œuvres*, tome VIII. Paris, 1797.)

— Cette solution proposée par Rousseau, je dois le faire observer, ajoute encore, aux inconvénients d'une élection qui se renouvellerait à la mort de chaque roi, les hasards du sort, qui porterait souvent au trône le moins capable. Rousseau a résolu le problème par une pirouette.

A. F.

moderne, une seule monarchie a perdu son existence et a été rayée du nombre des Etats indépendants, celle où la royauté fut élective (la Pologne). » (*La République*, liv. II, note 9, page 151, in-12, 1878.)

La monarchie élective ne satisfait donc pas à toutes les conditions du pouvoir ; il lui manque le caractère de *stabilité* et de *perpétuité*.

La monarchie parlementaire telle qu'elle est le plus souvent constituée de nos jours est vicieuse et ne répond pas non plus aux conditions essentielles du pouvoir.

Il ne faut pas confondre, comme on le fait d'ordinaire, la monarchie parlementaire avec la monarchie représentative. Cette dernière n'admet qu'un pouvoir. La royauté y gouverne ; elle est entourée d'institutions qui pondèrent son action, mais ces institutions ne partagent point la souveraineté. Le droit des assemblées n'est point fondé sur le principe de la souveraineté populaire, mais sur le droit des contribuables et de la propriété. Dans le gouvernement parlementaire, il y a trois pouvoirs égaux et juxtaposés : les deux chambres et le roi ; trois rouages indépendants, et qui ne font marcher la machine que lorsqu'ils vont dans le même sens. « Le pouvoir y est donc divisé, dit un éminent écrivain politique, et ce mot terrible : « Tout royaume divisé périra », plane sur la monarchie ainsi constituée. » (H. DE LOURDOUEIX, *Gazette de France*, 25 octobre 1854.)

Voilà donc un premier vice de la monarchie parlementaire : la division du pouvoir et le manque d'*unité*.

Un autre vice de ce régime, c'est que l'élément démocratique y est prépondérant. La souveraineté du peuple est au fond de ce régime. On pose en axiome dans ce système que « le roi règne et ne gouverne pas ». En pratique et logiquement, le roi est un rouage inutile et fainéant. La chambre populaire renverse les ministres par un vote *de non confiance*. Si le roi ne peut trouver des ministres agréables aux députés, il peut dissoudre la Chambre et en appeler au peuple ; mais si les élections lui envoient les mêmes représentants, il doit passer sous les fourches caudines populaires.

Un publiciste, M. Duvergier de Hauranne, dans son *Histoire du gouvernement parlementaire*, cherchant la définition du système, en voit le trait distinctif dans ce fait qu'il laisse à un parlement *le dernier mot*, par le droit qu'il a de refuser le vote du budget en cas de conflit avec la royauté. Ce dernier mot du parlement, c'est tout simplement le mot *révolution* et souveraineté démocratique. En Angleterre, on a conjuré ce péril par l'action d'une aristocratie fortement constituée, et aussi par le flegme d'un peuple froid et attaché à l'institution royale ; mais il n'en va pas de même en France, et nous avons vu deux fois la royauté sombrer dans ses conflits avec le parlement.

Viennent maintenant à notre examen les formes aristocratiques et démocratiques. On voit de suite qu'elles ne répondent que très imparfaitement aux conditions essentielles de l'organisation du pouvoir. Dans les aristocraties, le pouvoir est divisé et n'arrive que laborieusement à l'unité, et, de plus, le pouvoir y est mobile et sans stabilité. Si l'aristocratie est héréditaire, ces vices y sont moindres sous certains rapports, mais cette forme entraîne d'autres graves inconvénients, et dégénère promptement en oligarchie.

Ces défauts sont encore plus graves et plus visibles dans le gouvernement démocratique. On arrive très difficilement à mettre l'unité dans le pouvoir, et l'instabilité découle de la nature des institutions toujours revisables et soumises à un provisoire éternel.

Le gouvernement démocratique est le plus imparfait de tous, et c'est à peine s'il fournit les éléments d'une vraie organisation politique.

« A prendre le terme dans la rigueur de l'expression, dit Rousseau, il n'a jamais existé de véritable démocratie, et il n'en existera jamais. Il est contre l'ordre naturel que le grand nombre gouverne et que le petit soit gouverné. On ne peut imaginer que le peuple reste constamment assemblé pour vaquer aux affaires publiques, et l'on voit aisément qu'il ne saurait établir pour cela des commissions, sans que la forme de l'administration change.

« D'ailleurs, que de choses difficiles à réunir ne suppose pas ce gouvernement ? Premièrement un état très petit, où le peuple soit facile à rassembler, et où chaque citoyen puisse aisément connaître tous les autres ; secondement une grande simplicité de mœurs qui prévienne la multitude des affaires et les discussions épineuses ; ensuite beaucoup d'égalité dans les rangs et les fortunes, sans quoi l'égalité ne saurait longtemps subsister dans les droits et l'autorité ; enfin, peu ou point de luxe...

« Ajoutons qu'il n'y a pas de gouvernement si sujet aux guerres civiles et aux agitations intestines que le démocratique ou populaire, parce qu'il n'y en a aucun qui tende si fortement et si continuellement à changer de forme, et qui demande plus de vigilance et de courage pour être maintenu dans la sienne...

« S'il y avait un peuple de dieux, il se gouvernerait démocratiquement. Un gouvernement si parfait ne convient pas à des hommes. » (*Contrat social*, liv. III, chap. IV.)

Voilà donc où aboutit le système élaboré par Rousseau et préconisé par toute l'école démocratique de notre temps. Cet écrivain pose en principe la souveraineté du peuple, et finit par déclarer que le peuple est dans l'impossibilité de l'exercer. Ses disciples ont aussi tenté l'œuvre ; ils ont présenté diverses formules pour établir le gouvernement direct du peuple : le problème reste encore insoluble.

La raison des siècles est ici d'accord avec le philosophe de Genève. Tous les écrivains qui font autorité : philosophes, publicistes, hommes d'État, sont unanimes à déclarer la démocratie comme la forme la plus imparfaite et la plus voisine de l'absence de tout gouvernement.

On trouve, il est vrai, dans l'histoire, des gouvernements qu'on appelle des démocraties ; mais si l'élément démocratique y a été pour une part plus ou moins prépondérante, on le trouve toujours tempéré par un élément aristocratique ou royal, car autrement il ne saurait subsister.

La démocratie pure étant impossible, il fallait tourner la difficulté, et on a cru en trouver le moyen par le système qu'on appelle la république représentative. Dans ce régime, le pouvoir appartient au peuple à qui on refuse la compétence pour l'exercer, mais à qui, par compensation, on attribue le choix des législateurs. Mais il se trouve encore que le peuple est incapable de cette besogne. Il ne choisit guère que des hommes incapables et des intrigants, pour qui la politique est un métier pour faire sa fortune. Ces élus, revêtus du mandat de la souveraineté populaire, se divisent en factions pour ou contre les ministres, votent les lois avec précipitation parmi les divisions et les intrigues, et n'ont d'autre boussole pour se conduire que de flatter les passions populaires et de suivre le courant aveugle de l'opinion publique.

Il n'entre pas dans le cadre de cet écrit d'insister sur les périls et les absurdités de la souveraineté du peuple telle qu'elle s'exerce aujourd'hui par le suffrage universel. On est saisi de pitié et souvent de dégoût quand on voit fonctionner cette machine qui est le grand ressort de notre organisation politique. Citons seulement, sur ce sujet, cette critique éloquente d'un éminent écrivain :

« Ce qui est inadmissible, au regard du bon sens, c'est que, sous prétexte d'égalité, le nombre seul opérant par sa vertu arithmétique, et en dehors de toute autre considération, devienne la loi suprême d'un pays ; que ni le talent, ni la fortune, ni la moralité n'entrent pour rien dans un calcul qui se réduit à une simple addition de voix ; qu'il soit indifférent, au point de vue du droit, de représenter tous les intérêts d'une famille ou de n'avoir souci que de sa personne, et qu'en un jour d'élection, où se posent, dans le choix d'un représentant, que dis-je ? d'une forme de gouvernement, les questions les plus difficiles de droit constitutionnel, de relations avec l'étranger, des questions de vie ou de mort pour un peuple, le suffrage d'un individu sachant à peine lire et écrire — ou même ne le sachant pas du tout, — d'un individu recueilli dans un dépôt de mendicité, pèse d'un même poids dans la balance des destinées nationales que celui d'un homme d'État rompu aux affaires par une longue expérience. Il n'est pas de sophisme qui puisse colorer d'un prétexte spécieux une pareille absurdité. » (Mgr FREPPEL, *La Révolution française*, art. 4.)

Je termine ici mon long travail, que j'aurais désiré rendre plus court, et où on pourra noter encore des lacunes. Mais je n'ai entrepris qu'un *essai*.

Le 24 septembre 1898.

TABLE

DES MATIÈRES ET DES CHAPITRES

CHAPITRE PREMIER

Qu'il y a des lois naturelles de la société. . . 1
Article 1er. — Il y a une cause première des êtres. 1
Art. 2. — Dieu gouverne par des lois. . . 2
Art. 3. — Tout être a ses lois. 3
Art. 4. — Les lois de la nature sont les volontés de Dieu. 5
Art. 5. — Caractères de ces lois 7
Art. 6. — Nécessité de l'existence de ces lois 8
Art. 7. — Les lois dans le monde physique. 9
Art. 8. — Les lois dans le monde moral et politique. 10
Art. 9. — La loi de sociabilité 11
Art. 10. — La famille a ses lois. 13
Art. 11. — Naissance de la cité, de l'Etat. 14
Art. 12. — L'Etat a ses lois 15
Art. 13. — Il y a une science politique. . 16
Art. 14. — Méthode de la science politique. 17

Art. 15. — La politique est une science et un art. 17
Art. 16. — Puissance des principes. . . 20
Art. 17. — Forme idéale de la société. . 22
Art. 18. — Fausses prétentions des révolutionnaires et des socialistes. 23
Art. 19. — Révolutionnaires et absolutistes également confondus 25
Art. 20. — Différences des lois du monde physique et du monde moral. 26
Art. 21. — Action des lois divines et de la liberté humaine dans la société. 29
Art. 22. — Erreurs des sceptiques politiques. 30
Art. 23. — Réfutation des sceptiques. . . 31
Art. 24. — Union de la politique avec la morale 34
Art. 25. — Le mal est limité par les lois divines. 36
Art. 26. — Les lois divines s'étendent à tout l'ordre social et politique. 39

CHAPITRE II

De la société religieuse et de ses lois. . . 42
Art. 1er. — L'homme vient de Dieu créateur 42
Art. 2. — L'homme est en rapport avec Dieu par la raison 43
Art. 3. — L'homme est en rapport avec ses semblables par la parole. 46
Art. 4. — L'homme est un être religieux . 47

Art. 5. — Le sentiment religieux devient social........................... 48
Art. 6. — La société est naturellement religieuse........................ 49
Art. 7. — Réfutation des sceptiques.... 51
Art. 8. — La religion est le fondement de l'ordre social.................... 53
Art. 9. — L'irréligion cause de la décadence sociale..................... 54
Art. 10. — Un contrat primitif ne peut être la base de l'ordre social.......... 56
Art. 11. — Il n'y a pas de morale sans religion. — Morale déiste.......... 58
Art. 12. — Réfutation de la théorie déiste. 59
Art. 13. — Théorie de la morale matérialiste et athée. — Réfutation......... 61
Art. 14. — La morale indépendante. — Exposition du système et réfutation... 63
Art. 15. — La raison du droit est en Dieu. 66
Art. 16. — La révélation base de la morale sociale............................. 67
Art. 17. — Nécessité d'un culte public... 68
Art. 18. — Union nécessaire des sociétés politique et religieuse............. 69
Art. 19. — Les deux puissances unies mais distinctes....................... 70

CHAPITRE III

De la famille et de ses lois............ 73
Art. 1er. — Les origines historiques de la famille............................. 73

Art. 2. — Le mariage et ses lois. 74
Art. 3. — Les trois termes de la famille. — Leurs rapports. 76
Art. 4. — L'unité, première loi de la famille. 77
Art. 5. — La perpétuité, seconde loi de la famille. 77
Art. 6. — L'hérédité, troisième loi de la famille. 78
Art. 7. — Analogies entre la famille et la société politique. 80
Art. 8. — Attaques contre la famille. — Exposition des théories. 81
Art. 9. — Attaques contre la famille. — Réfutation. 85
Art. 10. — Attaques contre la famille. — La polygamie et le divorce. 87
Art. 11. — Funestes effets de la polygamie. 89
Art. 12. — Funestes effets du divorce. . . 90

CHAPITRE IV

De la société politique et de ses lois. 94
Art. 1er. — Origine et formation de la société considérée en général. 96
Art. 2. — Témoignage historique de la Bible. 99
Art. 3. — Témoignages historiques. — Les traditions universelles. 101
Art. 4. — Témoignages historiques. — Les noms des peuples. 111

TABLE DES MATIÈRES

Art. 5. — Théorie rationaliste sur la formation de la société. — État de nature. — Contrat social. 116
Art. 6. — Histoire de la théorie de l'état de nature. — L'antiquité païenne. 119
Art. 7. — Histoire du système de l'état de nature. Hobbes 124
Art. 8. — Histoire du système de l'état de nature. — Spinoza. 125
Art. 9. — Histoire de la théorie de l'état de nature. — Jean-Jacques Rousseau. . 128
Art. 10. — Réfutation de la théorie de l'état de nature 135
Art. 11. — La société politique, sa notion, sa nécessité. 148
Art. 12. — Formation historique et naturelle de l'État. 151
Art. 13. — Théorie rationaliste de la formation de la société politique. — Du contrat politique 157
Art. 14. — Exposition de la théorie des pactes. — Réfutation 160
Art. 15. — Origine du pouvoir considéré en général 177
Art. 16. — Examen de la doctrine du droit divin. — Ses conséquences. 189
Art. 17. — Détermination du sujet du pouvoir. — Origine du pouvoir en particulier et des formes de la société politique. ... 194

Art. 18. — Théorie révolutionnaire sur l'origine du pouvoir. — De la souveraineté du peuple. 206
Art. 19. — Des constitutions en général. . 230
Art. 20. — Les deux lois générales de la société. — L'autorité et la liberté. — Caractères essentiels du pouvoir et de la liberté. 247
Art. 21. — Des formes du gouvernement, leur valeur, avantages et défauts. 266

Moulins. — Imp. Et. Auclaire

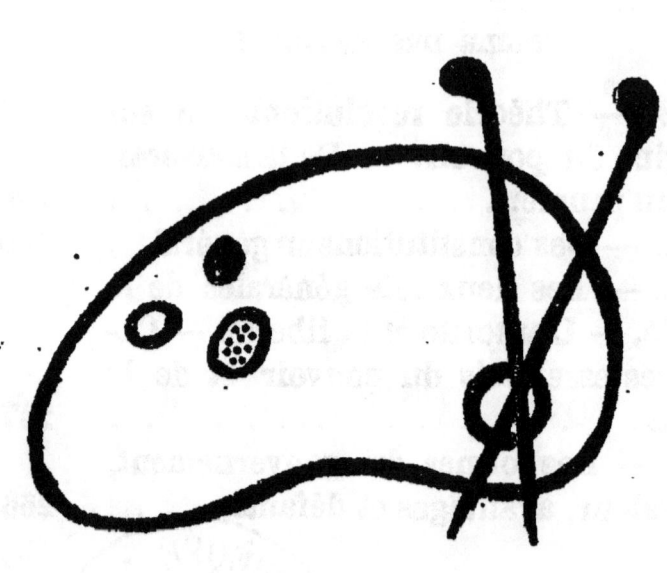

Original en couleur

NF Z 43-120-8

www.ingramcontent.com/pod-product-compliance
Lightning Source LLC
Chambersburg PA
CBHW071124160426
43196CB00011B/1799